これから、絶対、コピーライター

黒澤晃

あなたのキャッチフレーズを
考えてください。

ヒント

あなたのキャッチフレーズを
考えてください。

ヒント

- 第3章を読んでみてください。
- 5つのステップで
あなたも確実にコピーが
うまくなります。
- 2章にもヒントがあります。

市電のある街を
応援するコピーを！

ヒント

ヒント

- 3章のその10。
ツイッターでツボを伝授します。

- 初めて書く人も
どんどん送ってね。

- 発想のツボも書いてあります。

はじめに

職種は、その人の一生を大きく左右するものです。ひょっとすると会社の選択よりも、大きな選択かもしれません。

社会人になってから、新たな職種にチャレンジする人が多いのも、社会に出て職種の大切さが身に染みたからです。

この人生を左右するほどの選択。なかなか判断と決断がしにくいものです。特にまだ社会に出ていない学生のみなさんにとっては、です。

もうひとつ、近未来に目を向けると、ＡＩやロボットの技術革新により、現在の仕事（職種）の47％がなくなると言われています。しかも、10年から20年後。まさに、みなさんが働き盛りにさしかかり、キャリアを充実させなければいけないタイミング。悩ましいですね。

職種には、いろいろなジャンルがありますが、そのひとつに価値創造型と呼ばれるものがあります。アイデア力や企画力や分析力をトリガーに、社会や生活者に「新しい幸福」を生み出します。近未来にも確実に残る仕事です。そして、その価値創造型のひとつである、コピーライターという職種について、丁寧に解説したのが、今、みなさんが手に取っているこの本です。

みなさん、コピーライターについて、どう思われていますか。どのくらい知っていますか。

実は、社会的に認知されている職種にもかかわらず、誤解と疑問がいっぱいあるのが現実です。その誤解や疑問に答えたい！　それがこの本の出発点です。文章力にたけた人が、新聞や雑誌などの印刷物のキャッチフレーズをデスクでウンウンうなりながら書いている。あなたが、そのイメージを10％でも持っているとしたら、この本を読み進めていってください。

さらに、この本では、コピーライティングのコツをわかりやすく説明し、コピーがうまくなるツボも実務経験に基づいて伝授しました。その上で、実際にコピーライターになるためにはどうしたらいいか。その近道もアドバイスしました。まさに「コピーライターになりたい人を、コピーライターにする本」。90分の講座50回ほどを一冊に凝縮した内容になったと思っています。

ただし、コピーライターのプロになるのは、なかなか容易ではありません。人一倍の努力がなければ、成功の果実は得られないでしょう。そのことは、初めに言っておきたいと思います。

しかし、プロになるということは、そういうことです。コピーライターになるためには、ある決意が必要であり、準備が必要です。その決意や準備についてもこの本はポイントをわかりやすく挙げて書きました。

現場で仕事をしていると、「言葉の需要」が高まっていることを感じます。女性のコピーライターがまだまだ少ないことも感じます。ネット社会のコミュニケーションの鍵が言葉にあることも感じます。これから、コピーライターには絶対チャンスありです。この本を、ぜひ未来へ向けて進もうとしているみなさんの羅針盤にしてほしいと願っています。

Contents

2章

コピーライターは、社会のための発見業です。――73

コピーライターは何を考えているの？
どんな社会的意義があるの？

3章

いいコピーはどうやってつくるのか、そのポイントを紹介します。――147

試験に強いコピーの書き方もアドバイスします。

1章

コピーライターって、意外にスマート＆アクティブ。

コピーライターって何をする人？

その1

コピーライターは誰でもなれる職業です。

コピーライターは謎の多い商売らしく、いろいろな質問を受けます。そのなかで、ベストスリーに入るのが、「コピーライターに資格はいるのでしょうか？」です。資格までいかなくても、デザイナーが美術大学や専門学校で学んだように、「特別な教育」を経験しているのでしょうか、と尋ねられる場合もあります。

答えは、資格はいりません、経験がなくてもなることはできます、です。

簡単に言えば、あなたが今日、コピーライターの名刺をつくれば、明日からもうコピーライターとして働くことができます。コピーライターは誰でもなれる商売なのです（しかもほぼ資本ゼロで）。

では、なぜ、誰でもなれるのか？　それは、誰もが使っている「言葉」を商売道具としているからです。少しも特殊でなく、ふだんみなさんが使っていて、でも時にとても大切な働きをする「言葉」。それを表現の手段としているからです。

私のいた広告会社には数多くのコピーライターがいましたが、大学の専攻はバラバラで、カオス状態でした。理科系出身者もかなりいます。医学部、林業科、純粋数学を出ました、なんてのも存在しました。文学部出身が特に多いなんてことはありません。大学時代にコピーライティングの技術を勉強していた人も多くありません。過去は問わない、ある意味アナーキーな商売とも言えます。

また、熱き営業職志望の新入社員が、「キミ、向いているかもしれないから、コピーライターになりなさい」と会社から命じられて目を白黒させることもあります。まさに、誰でも職、です。

どうですか。コピーライターになりたいと思っているあなた。コピーライターにちょっとだけ興味を持っているあなた。誰もが可能性を持った候補生。誰でも挑戦できる職業。

だから、もっと深くコピーライターの世界を知ってみませんか、と思うのです。そこにはあなたの未来を変える道が待っているかもしれません。

その未来があなたのやりたいことと合致するかどうか、この本を全部読んでから判断しても遅くはないでしょう。私の長い経験から、コピーライティングは自分と他人の人生を楽しくする魅力のある仕事だと強く信じています。

いやー、しかし……、ものごとはそう簡単じゃないと思った方もいるでしょうね。誰でもなれるって言うけど、それってライバルが大量にいるということの裏返しでもありますよね？　やり始めたら難易度が高過ぎて後悔する人も多いのではないですか？　なんていう心配も聞こえてきそうです。

そう、そこですね。正直に言うと、修練がとても重要な職業です。入り口が広く平坦なだけに、高いレベルになるには、周りの環境と自分の努力がすごく必要なのです。

言葉や文字を使えるすべての人、たとえば、社内の営業・デザイナー、クライアント、そして生活者が、あなたのコピーをいとも簡単に評価します。なんか、ピンとこない、ふつうすぎ、弱いかも、などと言われたりします。専門家が専門家以外の人から評価される。なかなか、ないことかもしれません。

しかし、考えてみてください。今時、修練が必要でない職業があるのでしょうか。プロになるには、相当の覚悟がいるものです。経験を自分のものにする体力と精神力もいります。特に、学生の方はそこを勘違いしないようにしてほしいと思います。楽して幸せになるより、苦労して幸せになったほうが、本当のチカラがつきます。

コピーライターになりたては、ろくなコピーは書けません。それでも、くじける必要はありません。先輩をいつか絶対抜いてやる！という気概を忘れずに修練すれば、やがてプロに脱皮してゆくでしょう。若いとき、イマイチだったコピーライターがある時期からコツをつかみ、見違えるように成長する例を、何度も見てきました。

そう、この本は、コピーライターの修練のコツやツボも、ご紹介します。就職前や転職前に「やみくもに」コピーを書く訓練をするのではなく、「正しく」コピーの訓練をするためのものです。ま、それはのちほどということで。

さて。女性のコピーライターも増える方向にあるように思います。実は実は「女性コピーライターがほしい！」という現場ニーズはどんどん増大しているのです。世の中の商品やサービスで女性ターゲットのものは数多くあり、ファッションや医薬・化粧・美容ジャンルなどでは、女性の感受性や使用実感が必要です。もっともっと女性のコピーライターが活躍するべきですし、育児をしながらコピーライターをやるというワーキングスタイルも社会に定着してゆくでしょう。女性にとって、チャンスあり、の職業なのです。

外国の方も、グローバルな仕事が増えるにつれて、日本を本拠地としながらコピーライターになる人は増えてゆくと思います。まだまだ、数は少ないですが。何よりも、職場にグローバルな発想や視点が持ち込まれ、日本的な価値観や仕事観にいい意味の変化が起こることも大いに期待されます。

「服装はどうしてますか?」。この質問もたまに受けます。私の職場では、服装は自由でした。もちろん、ビジネスパーソンとしてのマナーは守る、がルールですが、ジーパンにTシャツは、ありです。クライアントに行って、プレゼンテーションをするときなどに、スーツ&ネクタイ着用のケースもあります。服装の前に、いいコピーが書けるかどうかを気にしなさい、が職場の空気です。なぜなら、服装でお金を稼ぐのではなく、コピーという中身でお金を稼ぐわけですから。

私が会社に入って、コピーライターの名刺をもらったとき、先輩にこう言われました。

「キミは、コピーライターになったわけではないよ。これからコピーライターになってゆくんだ」

（私が受けた貴重な金言はきっとあなたにも有益なアドバイスになると思っています。そんな金言は、ゴシックの太字で表すこととします。あなたの記憶にいつまでも残ることを祈りつつ）

言葉という一般的でどこにでもあるものを、特別な矢にして、人や社会という的の中心に向けて射る。それがコピーライター。

「一般的な」を「特別な」にする。それは、小説家や詩人やコラムニストと基本機能は同じです。しかし、実は大きく異なっているところが多々あります。能力の発揮する方向性が違っているのです。その違いもふくめ、コピーライターにまつわる「謎」と「誤解」を解いてゆきましょう。

コピーライターってどんな仕事をする人か。存在理由は何か。何と闘っているのか。その事実をあなたにはちゃんと伝えたいと思います。

その2

コピーライターは文章を書く人ではありません。

「コピーライターって、文才がないとだめなんですよね？」。「文章力がないとなれないでしょうか？」。この質問は相当多く発せられます。

私の答えは、あってもいいけど、なくてもできます（正しくは、ないと思っていても、できます）、です。

私は文章力がないという、いわば文章力コンプレックスのモヤモヤが、深層に流れている人が世の中にはたくさんいます。

原因は、小学校、中学校の教育にあると私は考えています。犯人は作文です。たとえば、夏休みの読書感想文。8月20日過ぎから読み始め、バタバタと2日ほどで仕上げます。ネットで上手な読書感想文の書き方なんかを参照しながら。義務で書かされていつつ点数はほしいので、上手な例をマネたりします。

先生は、個性がどれだけ出ているか、その人なりの視点が出ているかを大事に評価しますが、その個性や視点が誰かのパクリなのか、本人のオリジナルのものか、わかりません。しかも、小中学生における個性や視点はまだ充分に育っていない、あまりにも曖昧なものです。

しかし、点数は確実について戻ってきます。文章を考え綴ることは自己表現そのものですから、悪い点数をもらった子は、なにか自己否定されたような気がするのです。結果、文章を書くことに自信を失うきっかけが生まれます。

この本を読んでいるみなさんのなかにも、そんな方がいるかもしれませんね。でも、ご安心ください。コピーライティングは「ある理由」があって、あまり文章力が必要ではないのです。むしろ、小学校のときにあまり発揮できなかった、もしくは評価されなかった、あなたオリジナルの個性や視点がとてもとても大切なのです。

「ある理由」について、お話ししましょう。それは、コピーライティングの本質にかかわることですので、作品例をあげて説明してゆきます。

コピーの代表格は、キャッチフレーズです。その最大の活躍場所は広告です。ぜひ、知っておいてほしいのは、広告の宿命は「見られない」ということです。企業や団体を始めとする発信者は「見てほしい」と思いますが、生活者は「見なくてもいい」と思っているのです。

電車のなかで新聞を読んでいる人がいます。よく観察していると、広告ページは飛ばし、記事ページに目を留めて読みます。CMだって「トイレタイム」と言われ、番組の間で必死にがんばっていても、多くはパスされてしまいます（つくっている側は悲しいです）。

つまり、見られないという広告の情報特性を乗り越えるために、見られるための「インパクト」が必要なのです。

しかも、輪をかけて、広告は一瞬で一過性です。CMはたったの15秒！　あなたが自分の伝えたいことを15秒で言うとします。準備はいいですか？　ハイ、スタート！……おっと、もう15秒ですよ、終了です。えっ、言いたいことの十分の一も言えてない？　もっと時間をください？　わかります、でもそれだとCM広告としては失格です。

もう理解していただいたと思います。広告は一瞬にして、生活者を引き込まなければいけないのです。

ウェブ、雑誌、新聞、ポスター……基本的に例外はありません。そして、それができるのがプロフェッショナルなのです。言葉はできるだけ、短く、強く、人のココロに刺さなければいけません。まさに「キャッチ」するのです。文章力や文才なんて、悠長なことを言っていられません。

コスモ石油の〈ココロも満タンに〉。多くの生活者の記憶に残っているキャッチフレーズです。クルマを満タンにするのが、石油のサービスステーションの仕事ですが、コスモ石油は訪れた人のココロまで満足でいっぱいにします。そのメッセージが一瞬に伝わり、企業のイメージを上げ、絆を醸成してゆきます。

「コスモ石油はクルマを満タンにするだけでなく、お客さまのココロの満足を徹底的に考えています。点検・修理・洗車や笑顔にいたるまで、サービスステーションができることを精一杯やってゆきます。またのお越しをお待ちしています。今後ともよろしくおねがいします」。ちゃんと文章にしたらこうなるでしょうか。

もちろん、こんな長い文章を最後まで読んだり、聞いたりしてくれる人はひとりもいません。

満タンという石油用語を、ココロという感情のジャンルに使う（おそらく初めての）「発見」があって、インパクトが生まれているわけです。ＣＭとかの映像では、言葉をメロディ化（サウンドロゴと言います）しているので、記憶に残り、親しみが増すように設計されています。

「発見」。このスキルも極めて大切です。あとの章で詳しくお話しすることにしますね。

キャッチフレーズは、たくさんの言いたいことをぎゅっと濃縮しています。情報という果汁から搾り出された言葉の１００％ジュースです。いくつもある言いたいことをふるいにかけて選び取り、余分な情報のぜい肉を切り落とし、言葉化することもよくあります。

いずれにしても、本当に言いたいことは何か。本当に言ったら効くことは何か。

情報の混沌のなかから真実を探し出す行為。それがコピーライターの「らしさ」を支えている最大のものです。

広告クリエイティブの持つ、広告は見られないもの、パッと伝わらないといけないもの、という宿命が逆に、核になるワンメッセージを探し出す能力になっているわけです。

コピーライターに成り立ての頃、あるクリエイティブディレクターに言われたこと。

「13文字以内だな、キャッチフレーズは。それ以上だと誰も見やしない」

(確かにその会議で駆け出しの私の提案したコピーは長かった。理屈っぽかった。言いたいことを短く、強くするのはなかなか至難の技なのです)

その3

なぜなんだろう、と考えることから、コピーライターは始まります。

さて。真実、あるいは本質。そこに至りつくにはどうしたらいいのか。難問ですね。コピーライターそれぞれにさまざまな方法論があるようにも思います。経験とともに身に付いてゆくようにも思います。しかし、それだとせっかく読んでくださるみなさんをがっかりさせるだけですね、たぶん。この際、特別にコツをお教えします。

「たくさん深く考えること」。それに尽きます。

あらら、そんな簡単なことですか？　学校の先生もさんざんそう言っていました。どこが特別なコツですか？　ふつう過ぎて参考にはならない気がします……。

なるほど。では、ひとつだけ質問をさせてください。あなたは本当に「たくさん深く考えること」を実行したことがありますか?

現代社会でよく見かける悪しき思考法をふたつ紹介します。ひとつめは、「知識止まりタイプ」です。とにかくいろいろ知っている人がいます。たとえば、会議とかで、わからない単語（横文字系・IT系・昔の出来事系など）が出ると、それはね、こういうことなんだよ、と説明を始めます。知っているのはいいのですが、どうもその知識周りで話は終了で、具体的な解決法は提示しません。知識が表層的で、深い所に入ってゆかないタイプです。

深く考えるには、当然、知識は必です。私は知識を否定しているのではありません。ただ、知識はスタートラインです。そこから、創造的なことを生み出すにはもう一歩も二歩も深入りしないといけません。

ふたつめは「HOW優先タイプ」です。たとえば、クライアントから、急遽、1週間でウェブのキャンペーンサイトをリニューアルしたい、そのための企画を考えてほしいとオーダーされたとします。

このとき、なぜなのか、を優先させる人と、どうやってやるか、を優先させる人がいます。「なぜ派」は、そんなに急いでいるということは商品がどんな状況に置かれているんだろう、とまず考えます。すごく売れている場合と、あまり売れていない場合の、両方の可能性があるからです。さらにすごく売れているとしたら、何が購買ポイントになっているのか、誰がメインで買っているのか、と、「なぜ」が続いてゆきます。

しかし、「どうやる派」は、全然時間がないなかでいい提案にするために、手順やスタッフ編成をまず考えます。

情報があふれる時代になり、メディアが多様化するなかで、「知っている、知らない」が大きな差になる。ＩＴテクノロジーの進化により、仕事にスピードが著しく要求されてきている。そんな社会の流れが「知識止まり」さんと「ＨＯＷ優先」さんを多数生んでいるのです。

「たくさん深く考える」。実は、私たちはこの大事なポイントを習慣づけられなくなってきています。もはや、その意識を持たないと流されやすくなっています。そのことを注意事項として覚えておいてくださいね。

長いキャリアゆえに、腕の立つコピーライターになった人の若い時期をたくさん知っています。彼ら彼女らに共通しているのは、例外なく「たくさん深く考える」人だったことです。


そして、深く考えるためには、何をしたらいいか？　何をしていたか？

それは、「たくさん書くこと」です。コピーのカタチでなるべくたくさん書くことです。それは、メモ形式でもかまいません。ごくごく当たり前のこと、気がかりなこと、ふと頭をよぎったこと、飲みの席で先輩が言ったこと、それらを知恵のフィルターを通して、自分のなかにどんどんインプットしてゆきます。そうしていると、商品やサービスやブランドの核になるワンワードにやがて、ぶち当たります。

たとえれば、イチロー選手の素振りです。毎日毎日、膨大に振ることで、神経は研ぎすまされ、自分のフォームができてきます。それができれば、実際の球がホップしようがスライドしようが落ちようが、バットの芯にヒットすることができるのです。

ベテランコピーライターになると、オリエンテーションを聞いているわずかな時間に、もう「答え」が降りてくるようなケースもあります。しかし、若いときは、バットを振り込むべきです。

そう、コピーライターに才能があるとしたら、その素振りを何回しても苦にならない才能です。

それは単なる忍耐力のジャンルではなく、好奇心のジャンルだと考えます。なぜだろう、という問いを発しつつ、いろんな情報を取り込みながら、答えを探してゆく、ちょっとした冒険世界。それが、コピーライティングなのです。

大いに回り道をしながら、いろいろ迷いながら進んでゆく、のも楽しい。ひとつの答えを発見できたとき、その喜びはたとえようもないものがあります。そして、その答えである「言葉」が生活者に届き、世の中を動かしてゆける。それこそが職業的快感と言っていいでしょう。

あなたが好奇心旺盛で、「たくさん深く考える」ことができそうだと思ったら、何学部出身、男性女性、国籍、そして文章力の有無は問いません。ぜひ、コピーライターを目指してください。そして、この本を読み進めていってください。

その4

コピーライターはアンテナ商売です。

「コピーライターはデスクワークが多いのでしょうか」という類いの質問もよくあります。つまり、パソコンの前で一日中、キャッチフレーズやアイデアを考えている。ウンウンうなって言葉を絞り出している。そんなイメージがあるようです。

答えは、「実はアクティブで、ネットワークを駆使して仕事をしていますよ」です。この場合の、ネットワークは人間のネットワークです。

「たくさん深く考えること」。それができる人がコピーライターに向いていると言いました。この「考える」について、もうちょっとお話しします。コピーライターの仕事にかかわるポイントだからです。

カンフー映画で全米を熱狂させたブルース・リー。まさにレジェンドですが、彼の代表作『燃えよドラゴン』にこんなシーンがあります。カンフーを修行中の若い僧が師匠ブルース・リーに挑戦します。蹴りや突きを繰り返し入れますが、師匠はわずかに体を動かすだけで、すべてをかわします（ここがなかなかクールです）。そして、こう言います。「DON'T THINK! FEEL!」。この一言はさらにクールで、映画の名セリフのひとつにもなっています。

「頭で考えるな！　感じろ！」。唐突に、ブルース・リーの話にしたのは、このセリフにヒントあり、と思っているからです。コピーライティングの芸を極めるためには、「感じる」ことがキースキルのひとつだからです。

私たちは、考えること、と、感じることをとかく区分けするところがありますが、実際はかなり境目がなく、微妙なグラデーションの関係にあります。

たとえば、日曜のランチ時に、近所の洋食屋さんに行くとします。ハンバーグ定食を頼んだら、あれっ？　付け合わせのキャベツに異変ありです。いつもより量が多いのです。

このとき、そもそもキャベツの量が多いのに気がつかない人もいます。よほどお腹が空いていたのでしょうか。ま、残念ですが、ここでは除外して話を進めましょう。

なぜ、キャベツの量が多いんだ？と感じたら、その先にいきます。ひょっとしたら、定食の値段が上がったのかも。キャベツの価格が下がったのかも。つくる人が変わったのかも（少なくとも付け合わせ担当が）。それとも、儲かっているのかも。などと、今度はさらに深く感じるわけです。この瞬間、感じながら考えているわけですね。

感性というのは、極めて短時間で発揮される、知性だと私は考えます。そして、なぜ、キャベツの量が多い？というＷＨＹがトリガーになっていることにも注目してください。そして、さらに感じつつ、真相かつ深層に迫ってゆくわけです。

ふと、厨房を見ると、今まで見なかった女性がいます。たしか、シェフは独身だったはずだから、ひょっとすると奥さんかも。新婚マインドの奥さんが付け合わせ担当になって、キャベツが増えているのかも。そういえば、今日のキャベツ、おいしい！　幸せの味がする！　ま、こうして、付け合わせの増量は、ほとんどストーリーにまで発展していったりします（単なる妄想かもしれませんが）。

話を整理しましょう。コピーライター、のみならず、クリエイターと呼ばれる人たちは、論理的思考より感性的思考にたけています。もちろん、前者が不必要ではありません。それはそれで強力な武器になりえます。しかし、ある目的や目標に対して、FEELを働かせながら達成してゆく。確実に狙いをヒットさせてゆく（ブルース・リーのように）。それがクリエイティビティの高いワーキングスタイルということになります。

感性的思考のメリットは、ターゲットである生活者もまた、広告を見るとき、感性的思考で見ていることにあります。伝わる、伝わらない、はほとんどが一瞬で決まります。

一瞬の「興味」や「関心」から、商品やサービスに入ってゆき、記憶し、購買・参加してゆく仕組みはマスメディアの時代・インタラクティブの時代も構造的に大きくは変わりません。それぞれＡＩＤＭＡの法則とＡＩＳＡＳの法則という、有名な消費行動のモデルがあります。そのいずれも、ATTENTION（注目のレベル）→INTEREST（興味のレベル）からスタートしてゆきます。

まずは、ターゲットの感性をピン留めします。ここがドラマチックな勝負所になるわけです。論理的説得をする時間はありません。その先の興味喚起までいけば、成功です。情報の大洪水時代の今、感性のピン留めはなかなかハードな仕事になっていて、結果、商品をひとつ買っていただくだけでも大変なことなのです。

次に、コピーライターの仕事の肝であるコミュニケーション力について、です。感性的思考を働かせて、伝えたいことを、伝えたい相手に伝える。これは、おそろしく難易度の高い仕事です。家族でも恋人でも友達でも、なかなかコミュニケートできないのに、です。しかし、これができないとブランドも商品も全く動きません。特定の相手（しかも数が多い）に「伝えたいを伝わる」にするのは高度な技術やノウハウが必要です。それを仕事にしているのが、コミュニケーション産業ということになり、コピーライターもそこにいるわけです。

コミュニケーションを成功させるために必要なものはなんでしょうか。

①：伝えたいことを決める。②：伝えたい相手を決める。③：伝え方を決める。④：①②③がいちばん有効に働くメディアを決める。簡単に言うと、この4つで

す。どれかが欠落したらもうコミュニケーションは不可です。

コピーライターは、この4つに深くかかわります。特に①の「伝えたいことを決める」は、言葉で定められることが多く、いちばん初めに決めなければいけない「核」ですので、まさにやり甲斐あり、です。

日常生活で、恋人や上司にコミュニケートするのは②の「伝えたい相手」が決まっていて、④の「有効に働くメディア」も方法は多くありません（面と向かって。メール。手紙……）。変数が少なく、ま、それでもうまくいかないことが多々あるのですが、広告の場合は非常に複雑です。

複雑ですが、ワンフレーズのチカラが効力を発揮して、コミュニケーション戦略全体がうまく動いてゆくケースがよくあります。たとえば、「今でしょ！」とか「お・も・て・な・し」とかとか。特殊な用語ではありませんが、人々の感性にうまくタッチすると、絶大な拡散力の奇跡が起こります。本当に、不思議なパワーです。もちろん、その言葉の裏には、高度な戦略が秘められていたりもします。

その5

コピーライターは心の内にあるボタンを見つけます。

コミュニケーションがチカラを持つために必要なのは、生活者が何を思っているか、それを知覚することです。極めて重要なポイントなので、深めてゆきましょう。

このポイントのキーワードは、「インサイト」。人間の「内なる欲望のボタン」とも言えます。そのボタンが押されることで、行動が起きます。心理学的に言うと「深層心理」に近いものですが、押すと動く、というアクティブな行為に紐づけられているのが大切なところです。

今、マーケティング的科学とクリエイター的感性の両面から、この神秘のボタン「インサイト」に迫ろうとしています。正直言って、左脳派と右脳派の戦いでもあります。リサーチやデータを精密に採集し検証するか、生活者の感性と同一化して発見してゆくか。私はどちらかというと、後者の信奉者かもしれません。ただ、コピーライターのなかには、前者の方法論に基づいている人もいます。

インサイトがなぜ、これほど重要性が増してきたか。それは、みなさんの生活の変化そのものに原因があります。とりわけ、情報に関して、です。

朝起きてから情報とどうつきあっているかを考えればわかります。すぐにスマホを見ます。ポータルサイトでまずニュース、次にメールの巡回チェック、そしてさらっとフェイスブックのスクロール（詳しく見るのは、電車のなかでとか思いつつ）。パンをかじりながら、テレビの朝ドラをチラ見、ちょっとほっこりしたりして。電車のなかでは、スマホでメール返信したり、座れたのでお気に入りの雑誌をパラパラしたり。しかも、授業や仕事が空いた時間にＳＮＳやインスタグラムへ、簡単コメント付きで投稿したりもします。

10年前に比べたら、情報という目に見えないものとの密着度や摂取量が、劇的に変化してきているのがわかると思います。

その結果、人は情報不感症になりつつもあります。与えられれば与えられるほど、情報は効かないものになります。もしくは影響力が短時間しかもたなくなります。

ソーシャルネットワークに浸りすぎた人は、自分はなんて孤独なんだろうと思うのだそうですよ。

外的な情報で人が行動をしにくくなっている今、あらためて内的な欲望に迫ろう。そのボタンを押そう。生活者に情報を一方的に与えれば動く時代から、生活者の深いところにあるホンネを見つけ出し共に感じよう。そうなってきているのです。

真の意味の、生活者ファーストの時代になったとも言えます。一方通行のマスコミュニケーションや従来のマーケティング手法ではもはや生活者の共感はえられません。

生活者を深く知る。感じる。それこそ、これからのコピーライターの仕事の本質です。これからのみなさんがやる仕事です。

そして、そのとき、大事なのがアンテナです。このアンテナは24時間いつでも検索して、物知りになることではありません。

今は、マイデスクでほしい情報を取り込め、バーチャル体験まで可能になりました。しかし、これだけで知ったことにするのは、あまりに危険です。あなたは大丈夫でしょうか。

たとえば、世田谷区に新築マンションが半年後に建ち、その告知キャンペーンを考えてください、との仕事の依頼があったとします。あなたはどうしますか。まず、ネット検索ですか。でも、まだできるのはちょっと先ですから、ヒットしませんね。

私なら、まずその建設現場に飛んでゆきます。それだけでなく、その近くにある商店街や公園、駅までの経路を歩いてみます、ゆっくりと。そして、そこの街で生活する人々の息づかいに触れ、観察します。土日の生活も見ておきたいので、街のイベントが開催されていたら出かけてゆきます。そして、競合しそうなマンションも見ておきます。夜は、界隈のバーに行ってみたりもしましょう。

コピーライターはマイデスクで、言葉や文章を練り上げている人ではありません。リアルに肌で感じ、生活の温度を知り、冷静に体感分析をする人です。フィールドワーカーでもあり、生活ウオッチャーでもあります。

その結果、インサイトを発見し、生活者が共感するポイントを言葉化してゆけるようになるのです。腕の立つコピーライターほど、高感度のアンテナ能力を持っているものです。

それでは、最後にひとつ、インサイト・コピーの例を紹介しましょう。ＪＲ東海の〈そうだ 京都、行こう。〉です。ロングラン広告で、みなさんもたぶんご存じだと思います。

この京都観光促進キャンペーンが始まった頃、私はさまざまな仕事が交錯し、キャパシティオーバーで連日深夜まで、チームでクリエイティブの企画打ち合せをしていました。

実は、〈そうだ 京都、行こう。〉のキャッチフレーズもいいとは思いましたが、ピン！ときているわけではありませんでした。深夜の2時頃でしょうか、女性のＣＭプランナーが「毎日、遅くてお肌ぼろぼろでーす」とかなり明るめに言いました。そして、「京都とか行きたいなぁ」と小声で言いました。すると、スタッフのひとりが「京都、いいっすねぇー」と応えると、数人が声をそろえて、「そうだ京都、行こう」と言ったのです。そのとき、鈍感な私もピン！ときました。「そうだ」はまさにこんなときの気持ちなんだなぁ、と。

とても忙しいとき、とてもつらいとき、とても戦いすぎているとき、とても自分を見失っているとき。人は、京都に行こうとするボタンが心のどこかにあるのです（いつもは気付かないけれど）。そして、「そうだ」がそのボタンへ導く呪文になっているのです。

「京都、行こう。」に「そうだ」の3文字を足しただけで、心の奥底への届き方、伝わり方が違うのです。面白いと思いませんか。

そして、「京都、行こう。」ならば、JR東海発のセールスワード、「そうだ京都、行こう。」ならば生活者発の実感ワードになっていることにも注目してくださいね。

生活者や社会のインサイトをつかまえる。そのための高感度アンテナ。それがコピーライターに欠かせない能力であり、最大の楽しみでもあるというお話でした。それでは、次は、コピーライターの生活をもうちょっと具体的にみてゆきましょう。

その6
コピーライターは作品をつくる人ではなく、ビジネスをつくる人です。

広告業界では、つくった映像や印刷物を「作品」と呼びます。美術や映画と同じように、です。作品ですから、つくったクリエイターや制作会社のプロデューサーなどの名前が記されます。広告関連の、雑誌とかウェブページとかにです。「作品」ではなく、正しくは「商品」だろう、とか、クライアントのお金でつくるのだから、個人名が強調されるのは変だとか、いろいろな議論はあります。

私は「作品」はなかなかいい呼称だと思っています。やはりひとつひとつの広告物を、クライアントもふくめ、みんなのチカラで全力投球でつくってゆく。その過程に多くの創造性やアイデアがふくまれている限りは、「作品」と呼んでいいように思います。

ただ、若いクリエイターが勘違いしやすいことも事実です。表現のジャンルとしては、明白に「有目的」なものが広告です。その目的は、商品を売る、企業イメージを上げる、参加者をふやす、といったビジネス成果のことです。その意味で、広告クリエイターはビジネスマンなのです。いい作品をつくることは大事ですが、その作品によって、どんな成果を目指し得られるか、はもっと大事です。

私が広告会社を学生のとき目指そうと思ったのは、ビジネスマンなのに、クリエイターとしても仕事ができるコピーライターという職種があるらしいと知ったからでした。当時は、まだコピーライターは誰も知らないと言ってもいい職種でした。コピーライターって、コピーをとる人?は、ネタではなく、大学時代の友達に聞かれた本当の話です。

どうせ働くんだったら、自己表現ができる職種がいいな、と思いました。文章を書くのは普通レベル、作文の点数は平均60点くらいでしたが、ま、デザイナーになれるわけでもなし、と思い、未知のコピーライターを目指しました。

この自己表現欲求は確かにある程度かなえられました。しかし、自己表現欲なんてことをはるかに超えて、面白いことに出会ったというのが現実です。

私にとって、いちばん面白かったのは「人」でした。学生時代の数十倍も多種多様で、想像を超えた能力の人に出会えました。学生時代の絵の具は2、3色だったのが、社会に出たら24色くらいになった感覚でした。もしこれが表現領域だけに閉じこもっていたら、世界は豊かにならなかった気がします。ビジネス領域にいつつクリエイターでもあったことで色彩豊かな世界を楽しめた（楽しめている）と思うのです。

さて、私のことはここらで置いておいて、今、コピーライターがどんな生活をしているか、できるだけ具体的にみてゆきましょう。それは、やはりとても多い質問、「コピーライターはどんな生活を送っているのでしょうか。なかなか想像できないので教えてください」にお答えすることでもあります。

モデルA君に登場してもらいましょう。A君は1000人規模の総合広告会社に勤めています。クリエイティブ局の高橋チームに所属しています。ちょっと控え目に見えますが、なかなかのガッツの持ち主です。入社5年目。そろそろ、先輩コピーライターのいない仕事や、大きめのクライアントの仕事が舞い込んできています。そんな彼の、ある一日を追ってみることにします。

朝9時50分、最寄りの駅から途中にある店でコーヒーを買って出社。さぁ、スタートです。

10：00 企画書提出

山本CD（クリエイティブディレクター）に明日のプレゼンの企画書を見せます。どういう考え方で、どういうデザインで、どういうコピーで、という企画の意図と骨子を書いたものを見せ、アドバイスを受けます。ちなみにこの仕事の責任者は、山本CDです。

コピーライターはよく企画書を書きます。企画書はプレゼンの際にとても重要なツール。その出来栄えで、クライアントを感動させたりもできます。キャッチフレーズより企画書のほうがうまいコピーライターもいます（笑）。

11：30　打ち合せ（クリエイティブスタッフ）

佐々木CDと打ち合せ。まだ5月ですが、デザイナー、CMプランナーの4人で秋限定商品のビールCMのアイデアを考えます。楽しく1時間半ほど。このコピーはいいかも、と佐々木CDに言われたのが1本あったのでまずはひと安心。

打ち合せには自分のアイデアを持っていくということが鉄則。どんなに時間がなくても自分で考えたことは紙に書いて、打ち合せで共有します。手ぶらはいないと同じと思われます。

13：30　お昼・メールチェック・社外賞の確認

打ち合せ終了後、近くのコンビニでお弁当購入。席に戻って、今日、初めて

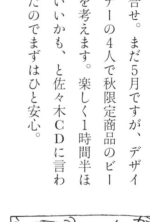

のメールチェック。最近、忙しいのでかなりの量が入ってきています。営業さんからの業務メールが多いかな。大事な情報なので要確認。おっ、飲みの誘いもあり。うれしいぞっ、と。最新の広告賞受賞情報も全社にお知らせが流れます。受賞者が同期だったりすると闘志にメラメラ火がつきます。早くメインコピーライターとして、ここにバンバン名前が出たいもの。

お昼ご飯は、やや不規則になりがちです。先輩と行くときもあり、チームのみんなで行くときもあり、そして時間がなくてひとりでお弁当、など、いろいろです。クライアントの方とビジネスランチなんてこともあります。

14：30 チーム会（連絡・報告事項など）

高橋CDのチーム会。総勢12名。全社業績報告や直近の業務情報などの連絡事項があります。実はA君、さきほどの山本CD、佐々木CDとは別のチーム。ひとつのチームで仕事が完結することはまずありません。戦力として、他のチームから人を借りたりすることはよくあります。ただ、いい仕事にしてアピールしないと、他のチームでの仕事が自分の実績として評価されないこともあるのでがんばらないと。

会社員ですので、自分の前にあるクリエイティブ仕事に集中するだけでなく、会社の情報もきちんと把握していないといけません。

15：30　打ち合せ（競合案件のオールスタッフ）

所属しているチームの親分、高橋CDとの打ち合せです。この打ち合せはかなり大規模。きのう実施されたオリエンテーションの確認と今後の方向性を決める全体打ち合せです。省庁の仕事で、自然エネルギー啓発にかかわるテーマです（シンボルマークとネーミングも必提出です）。競合プレゼンです。総勢14、15名。営業やマーケティング、そして次世代エネルギーに詳しい社員が招集されています。ジーンズやTシャツなどラフな服装の人もいます。初めて顔を見る方も半分くらいいます。2年先輩のコピーライターもいます。がんばらねばと気合いがはいります。

クライアントから任されている仕事だけでなく、どの広告会社に任せるか、を決めるのが競合プレゼンテーションです。極めて重要度の高いもので、オールオアナッシングの戦いです。負けたら、ゼロ。勝ったら、億単位の利益がもたらされる場合もあります。多いときは、十数社と勝敗を競います。クリエイティブ案の善し悪しが勝敗の鍵を握ることがほとんどです。

17：00　企画書の追加対応、明日ＡＭの打ち合せ準備

山本ＣＤからスマホに連絡があり、席にうかがいます。今朝見せた企画書の修正です。小さな直しが2、3あります。明日のプレはA君が話します。「あとはキミがしゃべりやすいようにしたらいいと思うよ。がんばって！」と山本ＣＤ。絶対、企画を通すぞ！と思います。席に戻って、明日の午前中の安田ＣＤとの企画打ち合せ準備。コピー案を30本が目標。次の打ち合せもあり、あまり時間がありませんが、明日の朝早めに来てやることも視野にいれつつ、集中します。

忙しくなると、打ち合せが次々に入り、自分で考える時間がなくなりがちになるのが悩みのタネです。でも、若手コピーライターは考えてなんぼ、アイデア出してなんぼ、コピー書いてなんぼ、ですから、上手に「自分で」時間をやりくりして「深く考える」時間を確保しないといけません。

18：30　打ち合せ（クリエイティブスタッフ）

本日3回目の打ち合せは、佐久間AD（女性アートディレクター）と女性向け健康食品について。この1週間くらい考え抜いたコピーとウェブを使ったプロモーション企画案を持ってゆきます。超おすすめコピーもありです。女性向けの商品でも、男性が担当することは珍しくありません。コピーライターは一部例外を除き、ひとつの商品ジャンルに特化せず、さまざまなジャンルを担当します。ちなみに、おすすめコピーは、佐久間ADもいいと言ってくれました。デザインを考えて、提案時の1案にするそうです。

デザイナーはコピーライターのいいパートナーになります。いい気付きをもらったりします。デザイン×コピーが、ぴったりはまると絶大なコミュニケーション力を発揮します。

20：30　夕食・チェックのため移動

明日のプレのCM案を映像プロダクション内にあるスタジオにチェックに行きます。メールでもできますが、やっぱり「その場」でやらないとダメなもの。駅前で、同行するCMプランナーと30分ほどの夕食。ふたりでかるーくビールも。うまい！　もうひとがんばりです。

どこかへ移動するケースはかなりあります。グラフィック広告は、デザイン事務所に行きます。そのほか、撮影・編集・音録りの立ち会い。もちろん、クライアントへも。国内出張もたまに。海外出張はごくごくたまに。商品の観察、体験などは土日に自分ひとりでやることもあります。とてもアクティブな毎日です。

22：00　映像プロダクションにて　明日のプレゼン準備

CMのプレゼン・コンテをチェックします。A君は主に文字関係を重点的に。キャッチフレーズや商品名など、文字の間違いはコピーライターの責任なのです。夜は更けてゆきますが、明日、やりたい企画が通って世の中に出る喜びのために、最後のツメをしてゆきます。

明日、プレゼンがあるときは、深夜に作業が及ぶことがあります。会社によりますが、クリエイティブ関連の仕事は時間が不規則になりがちです。発想や創造の仕事ですから、仕方がありません。しかし、早めに帰れる日もありますし、みんなで飲みに行ったりも、そこそこあります。

24：00　終電で帰宅

長い一日でしたが、充実していました。おつかれさま！

どうでしたか。わずか一日でしたが、忙しいこともあり、いろんな人やチームといろんな種類の業務をしていることがわかりますね。コピーライターの仕事は、ちょっと前の時代のように、キャッチフレーズを書くだけではもうありません。

ＣＭのナレーションや企画、キャンペーンサイトの誘い文句、ウェブで拡散しやすいワード開発、新商品やサービスのネーミング、企画書制作、などなど、どんどん多様になってきています。「言葉」を考える専門家ではありますが、マスメディアだけをやるわけではありません。そこを誤解しないようにしてくださいね。「言葉プランナー」と言ってもいいくらい広い世界が舞台です。

アイデア・ファーストで、面白いことを思いついたら、そのアイデアをより強くするために、言葉を後付けで考えてゆくコピーライターもいます。

総じて言うと、コピーライターは新しい時代のクリエイティブをつくるために、進化中なのが「今」です。まさに、みなさんのような新しい人が求められているのです。

もちろん、A君のような大手広告会社ではなく、小規模の制作会社で決められたクライアントの業務のみを担当しているコピーライターもいらっしゃいます。しかし、マスメディアのみの、キャッチフレーズのみ、という仕事だけが活躍場所ではもはやありません。

企業でなく社会をテーマにするソーシャルアド、地方創生のためのプランニング、グローバル・コミュニケーションと、ジャンルは躍動感を持って広がっています。

最後に、そんな新しい時代のコピーの仕事をご紹介します。2014年OCC（大阪コピーライターズ・クラブ）の新人賞を獲得したシャープのツイッターアカウント。タイムリーにユーモアをまじえて、シャープを宣伝しているようなしていないような、そのコミュニケーションが「今」そのものです。

企業と生活者の関係が140文字でぐっと近くに

SHARP シャープ株式会社
@SHARP_JP
フォロー

【ご注意ください】ここ数日、人間が入れる冷蔵庫のお問い合わせをいただきますが、弊社にはございません。ましてやそもそも、入らないでくださいね。

9,208 リツイート　1,916 お気に入り

12:52 - 2013年8月28日

SHARP シャープ株式会社
@SHARP_JP
フォロー

【ご参考】正しい冷蔵庫の選び方はこちら。 sharp.co.jp/reizo/feature/…

190 リツイート　70 お気に入り

13:01 - 2013年8月28日

SHARP シャープ株式会社
@SHARP_JP
フォロー

ハンパない暑さなので

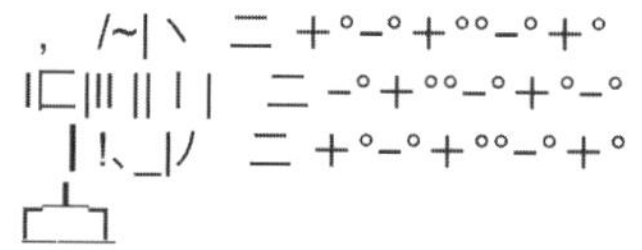

プラズマクラスター扇風機
置いときますね

みなさま
熱中症にお気をつけ下さい

3,614 リツイート　1,103 お気に入り

14:29 - 2013年8月10日

その7 コピーライティングはすべてのビジネスに使える最強スキルです。

「コピーライターって、将来どんなキャリアになるのですか」という質問もすごく多いですね。「つぶしが効くのでしょうか」と単刀直入に聞く正直な人もいます。そんなとき、「つぶしは効くよ」と即答するのですが、事実、これほど「人間力」と「俯瞰力」を身につけられる職業はないと確信しています。ただ、確かに企業のなかで言葉を書いている人がそのまま何十年もずっと言葉を書き続けるとも思えないし、キャリアが不透明な部分があります。

先ほどから、クリエイティブディレクター（略してCD）という職種の話をしていますね。コピーライターが成長すると、このCDになるケースがとても多いのです。というよりは、コピーライターはキャリアとしてCDを目指していると言ってもいいでしょう。では、ＣＤって何をする人？となりますね。

ＣＤの役割ならびにコピーライターがどんな仕事の相関図のなかで動いているかを説明しましょう。みなさん興味があるところだと思いますので。

その前に、私が「広告」という概念を使うとき、それは単にＣＭや新聞雑誌広告やポスター・チラシ類のことを指すのではなく、ウェブをふくめたさまざまなメディアを駆使して、ブランディングやプロモーションやソーシャルアドをおこなうアクション（活動）全般を指すと考えてください。つまり、アウトプット物ではなく、そのプロセスそのものを指すということです。

ＣＤは、エライ人です。クリエイティブチームの親分で大きな権限を持ちます。例を出してお話ししましょうね。あるクルマ会社と広告会社がおつきあいをしていると仮定します。３車種の広告を担当しているとします。軽自動車のＨ、スポーツタイプのＩ、ファミリー向けセダンのＪです。

営業は担当が振り分けられていて、Ｈに関しては40代前半の営業さんがリーダーで、その下に数名の営業部隊がいます。マーケッターといわれる、マーケティングの担当もいます。市場調査などをして分析をし、問題点や今後の進む方向を考えます。

そして、クリエイティブチームです。Hの担当の内訳は、コピーライター、デザイナー、CMプランナー、そしてCDです。

販促キャンペーンなどをするとき、みんなが集まって打ち合せをします。いろんなアイデアが出ます。コピーだったり、デザインだったり、映像だったり、それは種々雑多、玉石混淆です。そのなかから、このタイミングの軽自動車のHにとって、市場動向も視野に入れながら、ベストなチョイスをするのがCDです。そして、さまざまなアイデアをジャンプ台にして、より大きなアイデア（ビッグアイデアと言います）を生み出すこともします。クリエイティブ戦略を考え出し、クライアントに提案することもします。つまり、カバーする範囲が「全体」なのです。

わかりやすいイメージで言うと、建築家です。

屋根は？　床は？　天井は？　照明は？　家具は？といろいろなパーツがあり

ますが、建築の全体像を考え、そのコンセプトを決定することがまず最初、です。CDはそれを広告でやる人です。

当然、納期や予算管理もします。キャンペーンの成功不成功の責任も持ちます。営業と密にコンタクトをとって、業務の最適化を常に図ります。秋元康さんのようにプロデューサー機能に特化してゆくCDもいますし、研ぎすまされたクリエイティブ表現で世の中をひっぱってゆくCDもいます。

私も、会社に入ってコピーライター歴18年ほどでCDになりました。コピーを書いていることはとても面白かったのですが、やはりCDになると、多くのスタッフを自分の意志のもとに動かせるので、仕事の大きさがぐっとアップし、面白さもぐっとアップしました。ただ、責任もぐっと重くなるので、自由に動けるコピーライターの方がよかったかも、と言うCDもいます。

CDにもさらに上がいて、ECD（エグゼクティブクリエイティブディレクター）と言われます。横文字ばかりですいませんが、ここらの呼称は世界共通のものなので許してくださいね。さきほど、Hという軽自動車にCDがいましたが、IとJそれぞれにもいて、その3車種を束ねた、つまり、その3CDを束ねる

ＣＤがいる場合があります。それがＥＣＤです。ＥＣＤは、クライアントの宣伝部、マーケティング部だけでなく、経営陣と話をしたりして、その企業の全体戦略にまでかかわりを持つようになります。

そう、ＣＤには、デザイナー、ＣＭプランナーからでもキャリアとしてなることができます。単純にその能力があれば、よし！ということです。ただ、全体のコミュニケーション戦略やブランド戦略を、常に「言葉化」する仕事をしてきたコピーライターがなりやすいスキルを持っていることは確実です。

ＣＤは、経験が必要な職位でもあります。そうでなければ、クライアント、自社スタッフ、外部をふくめたクリエイティブスタッフを束ね、ひとつの方向性にディレクションしてゆくことはできません。会社によっては、新入社員に毛がはえたようなクリエイターにＣＤの呼称を与えていますが、よくないことです。業務をしてゆくなかで、その人の実力はバレますから、本人にとっても会社にとってもよくありません。やや説教になりましたが、ＣＤとはクリエイターのキャリアのゴール（ひとつの）であることを忘れてはいけません。

まだCD駆け出しの頃、大CDから言われました。耳が痛かった名言です。

「人にアイデアを出させてチョイスするだけのChoice CD、それはお金がかかるからできないばかりのコスト優先のCost CD。そんなのにはなるなよ。CDのCは、Creativeだからな」

どうしたらコピーライターは成長してゆけるのか、その答えはあるようでありません。優れたコピーライターも優れているがゆえに、今悩んでいる人の悩みがわからない面があります。優れた人はスキルのレベルが高すぎて、アドバイスが役に立たないなんてことも多くあります。

この章では、コピーライターに関するいくつかの質問に答えるカタチで進めてきました。ラストの質問は、「コピーライターになって悩むことはなんですか?」です。これもかなりある質問です。

私は、まずやってみてから困ることを見つける世代ですが、今の20代は、困ることは初めから避けてやってゆく世代です。それが悪いことではなく、むしろはるかに賢い生き方です。ただ、ひとつ言えるのは、避けられない困難が来たとき、弱いということです。

コピーの書き方のツボは、また後の章でお話ししますが、マインドのツボは、まず何でもやってみること、です。若いときは、自分のスタイルをつくろうとせず、いろんなスタイルを自分流にやってみることです。積極的な吸収こそ、確実な成長なのです。

コピーライターはアンテナ商売だと言いましたが、高感度アンテナを持つためには、いろんな周波数の情報と接すること。とりわけ、生活者の生の実感に触れて、生活者のセンスを身につけることです。

肌感覚での発想はとても大事です。若いコピーライターが書いてきたコピーを見ていると、企業がいかにも言いそうなこと、トレンド雑誌からとってきたようなこと、達人コピーライター風の言い回し、など、頭のみで情報処理して書かれたものが多く、閉口します。言葉がつたなくても、自分なりの発見・気付きがある子は、必ずやがて成長します。

この「発見するチカラ」「気付くチカラ」は、コピーライターの最重要エッセンスです。いいコピーは、「なるほど！」と思わせるチカラがあります。知ってはいたけど、気が付かなかったことを「言葉化」して生活者に提示するのです。冷たく澄んだ水に触れたようなハッとする感覚があります。ああ、わかるわかる、そうなんだよな、本当は、と。

コピーライティングとは、発想法であり、ものごとの本質に迫る技術であると、私は思っています。実は、コピーライターになろうがなるまいが、その訓練をすることで、ビジネスパーソンとして成長ができるのです。元・コピーライターで経営トップになる人がいるのも何の不思議もありません。

次章では、そのコピーライティングについて、私なりのツボを一生懸命、お話しします。

「コピーライターになって悩むことはなんですか?」の答えを言っていませんでしたね。

それは、誰でも読めて理解できる「言葉」でできた自分のコピーを、誰も理解してくれないときです。たとえば、打ち合せのとき。クライアントにプレゼンしたとき。

考え方や理論であれば、詳しく説明すれば納得させられるかもしれません。しかし、コピーはそういはいきません。「即、没」、が定めです。そして、コピーとは、そういうものなのです。他者が見てよくなければ、自分のなかで史上最高の傑作でも意味がなく、自分をほめてもむなしいだけです。ま、しかし、何度も書くうちにつかめてきます。1勝9敗がやがては、5勝5敗くらいまでは努力次第でいく職業です。安心してください。

本章を閉じるにあたって、確実に言えることは、これからの社会でコピーライターの仕事はきっと面白くなるだろうし、新しい世界を広げてゆけるだろうということです。そのことだけは、ぜひ覚えておいてください。

まとめてPoint

1章

1
コピーライターは**誰でもできる**職業。
資格はいらない。
理科系、文科系など出身もぜんぜん関係なし。

2
服装も自由だよ。

3
女性コピーライターは、ニーズが増加中。
女性のみなさま、ぜひトライ!

4
あまり文章力はいらない。言いたいことを見つけて、
短く凝縮するスキルが必要。

5
なぜなんだろう、を大事にして、とことん深く考える。
そんな人が向いている。

6
たくさん書くことで、フォームができてゆく。
考える力がついてゆく。

7
論理的思考も重要だけれど、**感性的思考**の方がより重要。

8
インサイトを見つけることがすごく大事になっている。
アンテナの張り方が大切。

9
コピーライターは、**いろんな人と出会い**、知恵を出し合い、
いろんな仕事をしている、今どきの職業です。

10
キャリアとしては、
クリエイティブディレクター（CD）になるのが目標。

11
コピーライティングは、発想法であり、
ものごとの本質に迫る技術。
経営トップに、コピーライター出身者がいるのも当然。

12
でも、コピーライター道を歩むには**「正しい」訓練**が必要。
この本を読んで、正しくやろう。

2章

コピーライターは、社会のための発見業です。

コピーライターは何を考えているの？
どんな社会的意義があるの？

その1

コピーライター道にそむいてはいけないこと、3つ。

この章では、コピーライターが社会的にどんな役割を果たしているかについてお話しします。そして、その役割を果たすために、どんな仕事をしているか、も説明します。

その前にまず、「コピーライター道」として「やってはいけないこと」を3つほど挙げておきます。

①「嘘は書いてはいけない」
②「パクリを書いてはいけない」
③「理解してないことは書いてはいけない」

まず①。嘘は書いてはいけない、から。

誇大広告はいけません。応募していただいた人のなかから、抽選で100名に当たるプレゼントキャンペーンがあったとします。「絶対、当たる」は当然、エヌジー。「みんな当たる」は、応募が101名以上あったら嘘になりますから、これもエヌジー。「ほぼ全員」とかの「あいまい言葉」もムダな抵抗で、エヌジー。そう、数字が明確化されているものはその数字を加工するのは広告としてはダメです。微妙なのは、「100名様に大当たり」とかの場合。大当たりが、プレゼント商品のことを言っていると解釈できるのでオーケーでしょうか。ただし、当たるのが10円のティッシュだったりすると「誇大」になるでしょう。

「最上級表現」というのもあります。クルマのコピーで、「最高の乗り心地」とか、はエヌジーになる可能性があります。「最高」の根拠を指し示さないと広告としては世の中に出せません。たとえば、すべてのクルマのなかで、静粛性がもっとも優れていて、それが○○デシベルとか数字で立証できれば大丈夫です。「史上最強のクルマです」は、クルマ全般と比較していますから、明確な根拠がいりますね。ただし、「史上最強のフェアレディZ」とかは、たとえば加速性能が今まで販売したフェアレディZのなかで最高値であれば、コピー表現としてはオーケーです。自社比較と言われるもので、根拠の明示は必です。「シリーズ最高の〜」とかのコピーがありますが、この自社比較のテクニックを使っているわけです。

その他、広告は公共財なので、社会的規範がいろいろあります。コピーで言えば、薬事法ですね。薬とか医療のジャンルは、人の生命にかかわりますので、厳格なルールが定められています。効能効果の表現をふくめ、社会的責任を重く課せられます。

社会的ルールだけではなく、「コピーライター道」としても、嘘方向に逃げるのはやめましょう（当然のこととして）。特に、若いうちは正々堂々とストライクゾーンに投げる気構え、あるのみです。

②の、パクリを書いてはいけない、です。クリエイター全般として、他者の創造した表現を見て、ああ、ここは新しい、面白い、この感じを自分の表現にとりいれたらどうなるだろうと発想するのは、「あり」です。逆に、なんにも思わないのは想像力が乏しいと言えます。コピーライティングで言えば、表現の仕方や

考え方に感化され、自分なりに吸収しようとすることは必要です。

コピーライター1年生への初歩レッスンとして、その年度の優れたコピーを集めた『コピー年鑑』をくまなく見させました。

最低20年分。全部くまなく見るのに、2、3週間はかかりますが、優れた効果はあります。優れたコピーが先生の役をしてくれるからです。

場合によっては、そのなかから自分で良いと思うコピーは筆写させます。この時代に、筆写はないだろ、と言うなかれ。字を書く行為は、字を打つ行為の何倍も脳への定着が深くなります。科学的な根拠があるかどうかわかりませんが、経験的には絶対そうです（絶対は「誇大」ではないか、と言われそうですが）。

筆写していると、そのコピーライターの「呼吸の仕方」や筆使いならぬ「心使い」が体感されます。有効な成長法ですので覚えておいてください。

ただし、「パクリ」はいけません。元の優れたコピーとほぼ同一の盗用は「コピーライター道」に反します。時々あるのは、シャメル系ですね。見た目がいっしょなのに、ロゴがちょっとだけ違うヤツ。優れた元ネタを微妙に加工したり、だじゃれの種にしたりするのは、いけません。

何気ないパクリ意識でもコピーライト（©）、つまり著作権侵害に当たる場合があります。「類似表現」として、同業種他社からコピーに関して、訴えられるケースもあります。企業スローガン、キャンペーン名、ネーミングなどで発生しやすい事件です。

不安な場合はコピーを打ち込んでネット検索してみます（現業では法律の専門家に依頼することがほとんどです）。意外な類似が表示されることがあります。そのときは、自分の書いたコピーをボツにする勇気もお持ちください。それもこれも世のため、人のため、です。

いずれにしても、「コピーライター道」はオリジナリティを愛しましょう。教科書となるコピーは必要ですが、その心を摂取してカタチは模倣せず、自分の血と肉にしてゆきましょう。

③の、理解してないことは書いてはいけない、です。若葉マークの方によくありがちですので留意したいですね。簡単に言えば、前章で述べた「深く考えること」「感じること」を逸脱したものです。

陥りやすいよくない頭の使い方はこうです。コピーは短い方がいい↓プラス、インパクトがある方がいい↓商品も企業もイマイチ↓とにかく広告コピーだけでも派手にしなくっちゃ。

打ち合せでそんな頭の使い方をしたコピーにかなり遭遇します。順番が逆なのです。まずは、商品と企業です。スタートラインはそこです。そこをスルーしては、そもそも広告として成立していません。その商品を知り、企業を知り、他社の競合状況を知り、社会の動きを知る。もちろん、学術的なレベルでなくてかまいません。そこから、問題点や気付きのポイントがふわっと浮き上がってきます。

そこから、「では、コピーはどうする?」という手順です。そして、インパクトをつけるには? できるだけ、短く伝えるには?とプロセスは進んでゆくべきです。

「どうして、このコピーになったの」と私が尋ねても、「なんか、いい感じじゃないですか」もどきのことしか答えられないコピーライターがいます。

イマイチな商品、というとらえ方がまず問題外です。商品は、社員の汗と涙と頭脳と肉体でできた「リスペクトすべきもの」なのです。コピーというカタチから入らずに、商品と企業と社会という根っ子から入らないといけません。そこの理解なくして書いているとしたら、早めに頭の使い方を変えてください。それが正しい「コピーライター道」です。

書く行為は結果です。その最終形に「感じ」はとても必要不可欠ですが、その前提である理由や根拠がないのに「感じ」だけだと、一見インパクトがありそうだけど薄っぺらなコピーの「ようなもの」ができているだけです。

いいコピーというのは、深さを瞬間に感じます。生活者もそこを十分に気付きます。本質に触れると、彼ら彼女らは行動を変化させてくれます。行動を変えるためには、発信者側には理解の深さとそのための努力がいるのです。

世の中、「答えを早く出せ社会」にどんどんなってきています。表層的には可能なＩＴ化がどんどん進んでいます。ある程度、その流れに順応してゆくべきですが、「理解」や「気付き」に至る熟成時間を削るのはいい結果をもたらしません。クリエイティブな仕事とは、そういう時間こそが、命なのです。

その2

コピーの役割を新聞広告から学習してみましょう。

新聞広告、そんなのもう読まないよ、と言われるかもしれませんが、コピーの役割や構造がわかりやすいので、とりあげます。今でも、新聞広告はとてもいい教材になってくれます。

みなさんは、キャッチフレーズしか知らないかもしれませんが、コピーにはいろいろな形態があり、それぞれの働きをしています。

これは、東京駅がリボーンしたときの落成広告です。鹿島建設の企業力を伝えようとしてもいます。迫力十分、新聞の全面広告です。いくつかの文字のブロックがありますね。みてゆきましょう。

「東京駅、ついに復原。」が、キャッチフレーズになります。人の目を一瞬にキャッチする役割と、それを読むと訴求する情報のあらましがわかるヘッドライン

丸の内"赤レンガ駅舎"が、1914年創建時の姿へ。鹿島建設が共同企業体で進める「東京駅丸の内駅舎保存・復原工事」が、2012年10月、完成します。戦災で失われた南北ドームなどが復活し、ドーム内部も創建時の美しい造形を取り戻しています。銅板・スレート瓦など装飾物の復原には、全国各地から職人が集結。互いの技術と情報を交換しながら、創建時の写真など少ない資料をもとに工事にあたりました。建物だけでなく、過去の大切な伝統技術を未来につなぐことも、この計画の重要な意義なのです。

地上の復原工事と並行して行われたのは、地下での免震化工事です。全長約335m、総重量約7万トンもの駅舎をいちど鉄骨支柱で仮受けし、これまで建物を支えていた1万本以上の松杭を撤去。新しい地下躯体を構築し、352基の免震装置に建物の荷重を移動しました。巨大ターミナル駅としての機能を維持しながら、行き交う人々の足下で、過去に例を見ない大工事が進められていたのです。

総工事期間約5年、延べ78万人もの関係者が24時間体制で携わった、日本建築史上最大級の保存・復原工事。終電から始発の限られた時間にも休まずに工事は行われていました。創建当時への復原と、駅舎全体の免震化という世紀の大プロジェクトは、ひとりひとりの地道な作業の積み重ねにより完結します。携わったすべての人々の知恵と努力と熱い想いが、100年前の記憶を蘇らせ、次の100年へとつないでゆきます。

1914年創建時の姿に復原される東京駅丸の内駅舎・完成予想図

の役割があります。表現意図によっては2番目の役割が後退することもあります。次に、下を見てください。小さな文字が整然と並べられています。これを「ボディコピー」と称します。いわば、この広告の説明文です。これを読むと、この広告の訴えたいことの全貌が、すーっと頭のなかに入ってきます。

ボディコピーは、理解力が試されます。この場合で言えば、東京駅の歴史的、建築的な推移、そして復原に向けたプロジェクトの概要、企業・鹿島がそこで何を目指し、努力し、成し遂げたかのドラマ。それらのすべてを理解していなければ書けません。

みなさんは、小さい文字だなぁ、くらいでパスしてしまうかもしれませんが、コピーライターの腕の振るいどころはまさにここです。

今度から、ぜひ、気になる広告はこのボディコピーまで読み切ってください。もし、あなたがコピーライターという職業に興味があれば、です。

実は、腕のたつコピーライターは、全員このボディコピーが上手です。例外はないと言っていいでしょう。考えてみれば当たり前で、深く考え、感じる、そして、知っているからです、企業や商品や社会を。だから、伝えるべき要点を絞り込めるし、生活者に感動を語れる文章ができるのです。

ボディコピーは、短い企画書だと言う人もいます。そこを読めば、広告の狙いやメッセージは何か、が鮮やかにわかります。30ページを超える企画書が必要なときもあるでしょうが、意外と自分で何を核として主張したいかがぼやけてしまうもの。そんなとき、ボディコピー発想で書いてみることをおすすめします。100文字から200文字くらいで起承転結を考えて、ぜひ、やってみてください。頭のなかが整理整頓されるはずです。

右下に、企業ロゴがあります。「鹿島」と書かれています。その横にはロゴマークがあります。この新聞広告にはありませんが、商品のロゴマークが入っているケースもあります。

そして、企業ロゴの上にある言葉が企業スローガン、もしくは、タグラインと呼ばれるものです。「100年をつくる会社」。スケール感のあるとてもいいメッセージですね（好きです）。

この企業スローガン、あるいはタグラインに特徴的なことがあります。それは、つねに鹿島のロゴと一緒に表記されますので、他の鹿島建設の広告にも使われること。求人広告やホームページなどなどジャンルの違う広告にも使われ、そこが、キャッチフレーズと異なるところです。

他の企業や団体も、大多数はこの企業スローガンを使用しています。サントリーの「水と生きる」、ホンダ自動車の「The Power of Dreams」などなど、みなさんの記憶に残っているものがたくさんあると思います。コスモ石油の「ココロも満タンに」もそうです。

コピーライターにとって、この企業スローガンの開発は、今やキャッチフレーズよりも、大きな仕事になってきています。というのも、その言葉は、企業全体の存在価値を指し示すからです。

単に商品をつくるだけでなく、社会のなかでどういう価値をつくるかが問われている時代。企業スローガンはまさに企業名の次に重要性の高いものになっています。それは、社会や生活者（アウター）に対してだけでなく、社員全員（インナー）。グループ企業をふくむ場合もあります）に対しても強力に作用します。

企業ブランディングの核となってワークする言葉。それが企業スローガンです。その決定には、多くの場合、経営トップが率先してからみ、単体の広告の枠を超えた領域の仕事になります。重い使命ですが、やり甲斐のあるコピーライターのホットな仕事です。

企業ロゴやマークやスローガンを経営視点から定めてゆく活動を、コーポレートアイデンティティ（ＣＩ）と呼びます。

さて、今、新聞広告、つまりグラフィック広告を見てきましたが、映像（ＣＭやウェブムービー）での、ナレーションコピーやタイトルコピーもコピーライターが考えるケースがあります。コピーライターでありながら、ほとんどＣＭの仕事しかしていない人もいます。言葉あるところに、コピーライター。そう理解していただいていいいと思います。

最後に、これも時々、ある質問なのですが、「どうしてコピーは文末に「。」をつけるのですか?」です。実は私もわかりません。しきたりみたいなものです。昔、「。」をつけずに、コピーを書いてみましたが、まるでノリが悪いものになってしまいました。言ってみれば、レジスターマークのようなものかもしれませんね。

キャッチフレーズだけです、「。」がついているのは。ウェブでは、あまり「。」をつけません。感覚的ですが、「。」をつけるとメッセージ感が強まるように思います。

その他、先ほどの鹿島建設の新聞の、一番下部、東京駅のイラストの左下に小さな文字があります。これはキャプションと呼ばれるもので、注意事項、特記事項、脚注などに該当するものです。これらも、コピーライターの仕事になります。たった1ページの新聞広告のなかに、コピーライターのいろんな仕事がちりばめられているのがおわかりいただけたと思います。

人々の情報生活のなかで、紙面に作家のように名前が出ているわけではありませんが、コピーライターはなくてはならない役割を担っているのです。

その3

基本1 ぎゅっと凝縮してメッセージにすること。

今から、10年くらい前です。環境省の「クールビズ」の広告立案から制作までを近くで見ていたことがあります。地球温暖化を防ぐために、オフィスでの冷房温度設定を上げることを提唱した運動です。その結果、省庁から始まり各企業が夏場の軽装によるワークスタイルをスタートさせていったものです。「クールビズ」は今でこそ、誰でも知っている言葉ですが、そのときはまだ誰も知らない言葉で、この言葉が世の中に流布するかどうかに、この運動の成否がかかっていました。

コピーライティングの役割のなかで運動を促進するために考案されるのが、ネーミングです。キャッチフレーズが人を引き込む作用であれば、こちらは人の考えや思いをひとつにまとめる作用です。

まとめることで、旗印が鮮明になり、社会に大きな求心力が生まれ、変化を起こします。この「変化」がキーワードで、疑問・否定を正解・肯定へとスイッチする機能を果たします。

この運動体ネーミングは、ソーシャルなテーマの広告でよく考案されます。「省エネ」「地産地消」「婚活」「イクメン」「ふるさと納税」などなど、たくさんあります。あまりに古すぎかもしれませんが、「ルネッサンス」なんていうのも、そうです。

この「ルネッサンス」のネーミングがなかったら、人類の歴史はもうちょっと違ったものになったでしょう。たぶん、今より人間性に対する考え方が保守的になっていた気がします。

特徴は、言葉の後ろに、「活動」または「社会」をつけてみると、ぴったりきます。

この運動体ネーミングは、絶対、短くないといけません。「バッジのような言葉」。そんな言い方をされることもあります。胸にバッジをつけることで、店員さんや関係者や仲間が、ひとつの目的に向かって動きやすくなります。お客さまにも目印になります。そんな役割の言葉だということです。

「地方で採れた農作物は、その地方で消費しよう」よりは、「地産地消」のほうが、バッジになっていますね。説明しなくてもわかるくらいに。

コピーライターは、クライアントと生活者の中間にあって、商品やサービスのメッセージを考える人です。最近はそれだけでなく、よりよい社会を実現するためのメッセージを考える仕事も増えてきました。メッセージには、キャッチフレーズだけでなく、ネーミングやスローガンなど、多種多様の言葉がふくまれます。

その役割は、劇的にではありませんが、少しずつ広がりつつあり、情報社会の核心にかかわる方へと向かっています。

実は、言葉が持つ、社会や人間にとっての役割はあまり変化してないのだと思っています。

社会現象を言葉化していたのは報道関係の記者や出版関係のライターでしょうし、企業の広報発表文はその企業の広報マンの書いたものでしょうし、歌詞は作詞家のお仕事だったりするのでしょう。それはそれで現在もそうなのですが、そのジャンルにコピーライターが自発的、もしくは依頼されて進出してきているのが、今なのではないでしょうか。

では、なぜ、コピーライターが進出してきているのか。それは、さきほどは、「あまり変化していない」と言った言葉の役割が、「ちょっとだけ変化している」からかもしれません。

例をひとつあげます。私もからんだ仕事です。ある大手の技術系の会社からの依頼でした。それも、広告宣伝やマーケティング部ではなく、研究開発の組織からです（レアケースです）。

新しい技術を開発中で、それが途中段階ではあるが、世の中に発表できるところまできた。ひいては、マスコミに広報リリースをしたいのだが、その発表文を書いてほしい、というものでした。

「私たちは技術的には正しいことが書けるけれど、だらだらと説明しているだけで、対外的なインパクトが出せない。社内で何回も会議をやって、案をつくってみたんだが、生活者のことをあまりわかっていないし……新しい技術なのだから、インパクトがほしい、で、コストはかかるがプロにお願いすることにしました」。キーワードは3つですね。だらだら長くなる。生活者のことがあまりわかっていない。インパクトが出せない。

そして、この事実をふだんは広告広報に携わっていない研究開発系の方でさえ認識してきているのです。つまり、言葉を発信するときに（この場合は広報発表文）、今までの考え方や伝え方でやっても、効果が上がらなくなってきている。その原因は、どんどん新しくなる生活者のニーズやウオンツをつかめない。企業内思考や業種内思考では、言葉はもはや伝わらず、インパクトが出ない。そんな現状を敏感に感じ取っているのです。

マスメディア隆盛の頃のコピーライターは、「広告の言葉」を書いていましたが、今は「世の中へのメッセージ」を書いているような気がします。

この変化は大きなポイントです。そうしなければ人に届かなくなってきていること。そのほうがコピーライターとして面白くなってきていること。そのふたつです。

さらに言えるのは、メッセージは短いほうが刺さりやすいでしょうし、人の思っていることをずばり言い当てたほうが強いでしょう。コピーライターは、「メッセージライター」になってきているのです。

では、ぎゅっと凝縮したワードはどうやったらできますか？　その答えは、なかなか難しいですね。経験知も大いにあります。

逆に、若葉マークの頃は、むしろ言いたいことを短くしないことを強くおすすめします。気付いたことをまずは書いてみることです。

「田舎の家で採りたてのトマトを食べるのはおいしいけれど、田舎の家から送ってきたトマトは少し味が落ちる気がする」。「北海道のアスパラはトラックに乗って、その次に飛行機に乗って、また東京のスーパーまでトラックに乗ってゆく。人間でも疲れるから、アスパラも疲れるだろうな」。「野菜を移動させるには、すごい電力エネルギーがかかっているだろうな」。「採れるところと、消費するところが離れているのは、なぜかな。そのほうが儲かるから？」などなど。

そんな気付きの素材を頭のなかでぐつぐつと煮詰めてゆくと、「採れるところで食べたほうがエコだし、おいしいし、地元も活性化すると思う」ということになり、それをメッセージにしよう、そうして「地産地消」、に至りついてゆきます。

短くしようとカタチばかりにとらわれすぎると、肝心の中身が伝わらなくなってしまう危険性が非常にあります。「キャッチフレーズは13文字以内」も、あくまで目安です。初めは長く、太く、でかまいません。

むろん、熟練してゆけば、言いたいことが自然に短いフレーズで浮かぶようになってきます。とりあえず、コピーライター道としては、メッセージの中身を磨くことを優先して考えましょう。

その4

基本2 商品をさまざまに「切れる」こと。

ここでは、「切り口」と「コンセプト」について話します。

つい、20年くらい前ですが、コピーライターの大切な仕事のひとつに、「切り口」の発見がありました。若手のコピーライターは、あまりやっていない気もしますが、とても重要な作業なので取り上げます。

「切り口」とは、商品・サービス・企業の、さまざまな可能性を考えることです。広告における訴求ポイントの可能性を探ることです。

たとえば、円錐の物体があり、ナイフで切れるとします。切り方によっては、断面が円の場合、三角形の場合、楕円の場合が生まれます。断面の大きさもいろいろと生まれてきます。

商品が円錐で、ナイフを持って切るのがコピーライターです。広告をするときには、商品の何をメインに訴えてゆくか、絞り込んでコミュニケーションをします。そこが生活者のニーズとずれると、なかなか効果が出ません。かといって、絞らずにぜんぶを訴求しても、特徴のない商品にしか見えず、失敗します。

制作のミーティングでは、まず、コピーライターが考えてきた「切り口」をスタッフに披露します。全員がそれを見ながら、商品の特徴のどこをピックアップして訴求するか、ああだこうだと意見を戦わせます。

いわば、「切り口決め」は、広告コミュニケーション作業のベースであり、出発点でもあります。クライアントの商品オリエンでは、製品特徴が提示されますが、制作者およびマーケティングのメンバーは、生活者のニーズや市場の動向を加味して訴求ポイントを絞り込みます。

「切り口」が決まると、「コンセプト」を決めてゆきます。そして、表現アイデアへと進んでゆきます。

広告クリエイティブの現場は、鋭い感性のやりとりでアイデアが縦横無尽に飛び交い……という図をみなさん想像するかもしれませんが、現在は、市場分析もふまえた科学的なアプローチで成り立っています。右脳的な判断が随所にありますが、ま、左脳とのいいバランスで仕事は進行してゆくと思ってください。

では、簡単に私が「切り口」作業をやってみましょう。商品は、トンボ鉛筆の「色鉛筆NQシリーズ」。36色、24色、12色の缶入りを取り上げます。

20ほど、「切り口」を出してみます。

まずは、物性から。98ページを見てください。次に、ユーザーからのメリット。社会的なメリット、と拡大して書いてみました。物性価値が競合商品を圧倒している場合（テクノロジーとか開発力）は、現在のマーケットでは稀少になりつつあります。必然的に、ユーザーの価値とか社会的な価値を織り込まないと「切り口」が増えません。

どうでしょうか。まだまだ私が気付いていないだけで、他にいい「切り口」があるかもしれませんね。どの切り口で、広告制作を始めたらいいか悩むところですが、私としては、「手で描くことの美しさを実感できる」あたりがいいかな、と思います（勘ですが）。

注意しておきたいのは、「切り口」はキャッチフレーズとは違うということです。

切り口を考えてみた

物性にユーザーメリットを入れこんでみる

描くとわかるキレイさ、
の色鉛筆。

飽きがこないキレイさ、
の色鉛筆。

仕上がりのキレイさが違う、
色鉛筆。

いろんな描き方ができる、
色鉛筆。

見てるだけで楽しく、
描いて楽しい、色鉛筆。
(特に36色)

滑らかなのに、
色が際立つ、色鉛筆。

物性

鮮やかな発色の、色鉛筆。

色の定着性がいい、色鉛筆。

滑らかな書き心地の、色鉛筆。

芯が折れにくい、色鉛筆。

ロングセラーの、色鉛筆。

発売から40年の、色鉛筆。

24色で1600円の、色鉛筆。
36色で2400円の、色鉛筆。
12色で800円の、色鉛筆。

さらに
社会的観点からの
メリットを入れると

手で描くことの美しさを
実感できる、色鉛筆。

子供が色鉛筆を
初めて使うときの、色鉛筆。

色には
微妙な違いがあることを
体得できる、色鉛筆。

親も子も
小さいときに使っていた
(使っている)、色鉛筆。

子供でも楽にキレイに
描ける、色鉛筆。

持ち運びがラクな、
どんなシーンでも使える、
色鉛筆。(12色)

トンボ鉛筆40年の
テクノロジーが生きている、
色鉛筆。

40年も愛されているのは
品質が高いから。の色鉛筆。

文房具一筋のトンボ鉛筆の
40年の思い、の色鉛筆。

そのことを説明する前に、「コンセプト」の話もしておきます。「コンセプト」はもう一般用語化していますのであまり説明しませんが、「全体を貫く基本的概念」のことですね。平たく言うと「中心になる考え方」です。デザイン・コンセプト、事業コンセプト、設計コンセプトなどなど、多方面に使われています。

たとえば、切り口が「手で描くことの美しさを実感できる」ですと、広告コンセプトは「描いてみよう、あなただけの色世界」とか、「手描きはオリジナル・キレイ」とか、が考えられそうです。

要は、商品の訴求ポイントが「切り口」で、広告全体の考え方が「コンセプト」です。「描いてみよう、あなただけの色世界」なら、CMやイベントの狙いもはっきりとしてきます。

もちろん、パソコンでつくらずに手を使って描こう、画面ではなく紙に描こう、そのほうが人間としてもっと楽しいよ、というメッセージが込められているわけです。40年、トンボはそのことを応援してきました、という企業スタンスもちょっと感じることができます。

キャッチフレーズは、この「切り口」や「広告コンセプト」をベースにしながらも、大きくジャンプして、強く「つかまえる」機能を持たせます。たとえば、ターゲットを親に定め、雑誌で展開する作戦を決めたら、「文房具で子供の色彩は育ちます」とか、教育ツールとして打ち出すキャッチフレーズを考えます。

残念ながら、「切り口」は全員のコンセンサスをつくるだけで、実際の広告には目に見えるカタチでは出ません。「広告コンセプト」も、企画書には登場しますが、実際の広告にはほとんど出ません。その意味ではアンダーグラウンドの作業ですが、広告という建築物の土台と骨格を決める、コピーライターに与えられたとても重要な仕事です。

「氷山みたいなものでさ。キャッチフレーズは海面から上の部分で、切り口とコンセプトは海面から下にある部分。大きな氷山ほど見えないところがちゃんとしているもんだよ」

（コンセプト全盛時代のあるCDの言葉。今では、いきなりキャッチフレーズを書くコピーライターも数多いのですが、やはり海面から下も大事だと思うこの頃です）

なにごとも土台が大切です。広告の仕事だけではありません。ふだんの生活やビジネスでも。今の私たちは、すぐに目先の情報に飛びつき、行動に移していないでしょうか。あふれる情報から本質を見つけて行動する。そのために、コピーライティング技術の切り口づくりは、ぜひトライしてほしい習慣だと思います。

その5

基本3「伝えたい」を「伝わる」にすること。

まず、ひとつの真実を知ってほしいと思います。それは、あなたが「伝えたい」ことは、他者には90％「伝わらない」ということ。

なぜ、伝わらないか。それは、他者はあなたとは違う考え方をし、違う感じ方をしているからです。ごく当たり前のことですね。しかし、この当たり前のことをわかっていない人がとても多いのが現実なのです。

「コミュニケーションは壁に向かってボールを打つようなものだって言うけどさ、本当は暗闇に向かってボールを打つようなものだと思うんだよ。吸い込まれていって見えなくなる。たまに戻ってくることもあるけど」

（先輩が深夜の会議室でしみじみつぶやいた言葉です）

ボールが戻ってこない淋しさはコミュニケーション業に従事している人にとって、いちばんつらいことです。クライアントからも不満が出たりすると、さらに落ち込みます。コミュニケーションのプロでも、伝えることはなかなか難しいのです。

しかし、情報が正しく、イキイキと伝えられ、理解されてこそ、私たちの社会は豊かさを享受することができます。言葉が自由に意味あるものとして流通してこそ、人は文化的生活を送ることができます。コピーライターたちの役割はとても大きく、重いものがあります。がんばらないといけませんね。

広告は会ったこともない不特定多数のターゲットに、短時間接触で伝えるのですから、容易ではありません。対人コミュニケーションではなく、対社会、あるいは対集団コミュニケーションであることが特徴的です。

よくこの前者と後者をごっちゃにして著述してある本がありますが、この章では後者を扱うこととします。

さて、「伝わらない」のは何が原因なのでしょうか。

長年、いやと言うほど経験してきたコミュニケーション悪戦苦闘史を振り返ってみると、成功も失敗もふくめて、法則がはっきりと見えてきます。また、若い世代に広告コミュニケーションの実技を教えてきたので、彼ら彼女らが間違いやすい点もよくわかります。7か条にまとめることができます。

一、ふつうのことは伝わらない。

ふつうのことは記憶に残らない、と言い換えてもいいでしょう。

「1日は24時間」、では、何も感じませんが、「1日は30時間」と言われるとなぜ？と頭にランプが点灯します。でも、日本人はふつうのことを言うほうがコンセンサスがとれやすいと思いがちで安心しがち。あなたもそうではありませんか。もちろん、私もそうではないかと、自分をいましめながらコピーや企画を考えています。

二、説得しようとすると伝わらない。

このポイントは、対人コミュニケーションと大きく異なるところですね。対人なら、粘り強い説得が効く可能性がありますから。広告では、「しつこい」「うざい」と思われて終了してしてしまいます。

三、興味のない話は伝わらない。

ついつい、私たちは相手の気持ちを考えずに話してしまいますね。その自己中心的発信は人間の本性でもあるらしいのです。広告の場でも、ついつい企業からの一方的な情報付与になって、受け手がなんの興味喚起もできないことがあります。クリエイターの勝手な妄想走りで、生活者にはピンと来ない結果になることもあります。かなり多発しているかもしれません。

四、共感しないと伝わらない。

「それって、わかる！」「なるほど！　いいかも」と「！」を心に灯さないと人は動きません。学生たちの企画プレゼンも、自分はこう思う！が先行する人が多いですね。実はあなたが思うの「！」はどうでもいいのです。相手が感じる「！」

がいちばん大事。そのことを忘れないようにしたいものです。共感ポイントの発見は、すべてのコミュニケーションのツボ。

五、アイデア（気付き）がないと伝わらない。

アイデアは、共感ポイントになりやすいのです。旭化成の傑作コピーで「イヒ！」というのがありました。化学の力を使ってユニークな発想で、社会を変えてゆく旭化成。その「化」を分解して、開発者・技術者の「やった！」「いいぞ！」という気持ちを表現するために、「イ」と「ヒ」と「！」の3文字になりました。これは一回見たら忘れませんし、よく伝わってきます。同業者としては「やられた」と脱帽しました。これまた名作の東京ガスの「ガス・パッ・チョ！」も、コピー表現としてのアイデアがあって印象強く伝わります。

六、ひとりに伝わらないとみんなには伝わらない。

面白いことにそうなのです。たとえば、100人に何かを伝えるときに、メールで情報を同時に送ります。いい反応があったときは、みんながわかってくれたと思いがちですが、実はみんなではなくひとりひとりが反応してくれていて、その集合体として情報理解（共感でもいい）が生まれています。マス広告もひとりのターゲットを口説くつもりでつくらないとうまくいかないと昔から言われています。

七、聞く能力が伝える能力になる。

小学校の先生にどんな子が将来の伸びしろがありますか？と聞いたとき、「よく聞いている子です」と答えてくれました。よく話す子ではないそうです。よく聞く、よく見る。つまり情報を受動する側での経験・観察が、情報の発信側になったときのパワーに活かされるのです。これはまさに、コミュニケーションは双方向であり、どちらか一方の方向ばかりに熟達しても、うまくいかない、成長してゆかないことを示しています。

現代社会では、プレゼンテーションをする側のスキル本はあふれていますが、プレゼンテーションをされる側のスキルはあまり語られません。聞く能力を磨くことを日頃から留意しないと、一方通行型の人間になりかねません。特に、若い世代はこの傾向がありますから、注意が肝心です。

コピーライターに興味があるみなさんに、伝わるコピーを書くための心構えを話しました。前提として、伝えることは極めて難易度の高いことですよ、を力説しました。

補足になりますが、対社会、対集団のコミュニケーションは、コピーだけで成立するわけではありません。映像・音楽表現や、そもそもの広告コンセプトの在り方も大きく成功失敗にかかわります。全神経を尖らせて、伝えたいことを伝わることにしてゆく、それがクリエイターの仕事です。つらさもありますが、伝えられたときの喜びは、誰もいない部屋でひとりガッツポーズをとるくらいのものがあります。

その6

今1

伝える、から動かす、へ。

コピーライターの役割が変化し、やるべきことも変化しつつあります。それが今です。そんな話をしてゆきます。

なぜ変化したか。それはメディアが変化し、生活者が変化し、社会の仕組みが変化したからです。その変化はまさに進行中です。このトレンドを明確に意識し、とらえないとこれからのクリエイターは仕事にやり甲斐を持ちにくくなるでしょう。その変化について、コピーライターの視点からみてゆきましょう。

やはり大きいのは、マスメディアからウェブへのメディアの変化です。2000年にブロードバンド接続が一般に導入され、一気にネットで大量な情報をやりとりできる時代になりました。わずか15年前。みなさんが小学生か中学生の頃ですね。この通信革命はコミュニケーションの質を大きく変えました。個人が発信者になることができるようになりました。

マスメディアでは、発信者と受信者は明確に区別されていました。当然、コピーライターは発信者として、コミュニケーションの川上にいたのです。今は、「一億総クリエイター時代」と言われますが、まさにすべての人が発信者になることができ、双方向で情報のやりとりができるようになりました。コピーライターのライバルはコピーライターではなく、多くの生活者になったのです。

言葉の持つ重要度は、逆に大きくなったこともポイントです。ヤフーのポータル画面を見たとき、そこには広告以外は基本的に言葉・文字が並んでいます。タイトル、あるいはヘッドラインです。それを見て人は情報の中身に入ってゆきます。

グーグルのトップ画面も、長方形の窓に言葉を入れてゆきます。言葉・文字は、まさに情報への入り口としての機能を果たし、それが機能しなければその中身であるコンテンツにまで至りません。極端に言えば、中身がふつうでも入り口がよければ、ページビューは稼げるとも言えます。

そして、もうひとつのポイントは「拡散」です。マスメディア全盛の頃も、拡散はありました。インパクトのあるCMが、翌日、学校で友達の間で話題になったり、主婦の間で話題になったり。しかし、ネットの時代はそんな口コミ・レベルではありません。メール、ブログ、SNSで大量に即時に伝わってゆきます。何もしなくても、一円も払わなくても、情報は伝播してゆく。その宣伝パワーは凄まじいものがあります。

クリエイター、特にコピーライターはこのパワーを無視してもはや仕事はできません。ウェブ系のライターと同様、「拡散」を意識した言葉の設計が必要となってきています。

膨大な情報があふれる社会における、言葉の入り口機能と拡散機能は、企業や団体のコミュニケーション活動も変化させてきています。もはや発信すべき膨大な種類の言葉が必要になってきており、しかも質を高めないと情報は選択されなくなってきてもいます。

「ことばレストラン」があるとします。コピーライターのあなたはシェフです。以前とは明らかにお客さまが変わりました。というのも、みなさん、料理を日頃している人たちです。そして、料理好きの仲間とたくさんつながっていて、おいしいを話題にするネットワークができています。

さて、シェフであるあなたも変わらなくてはいけませんね。素材も一段と吟味し、盛りつけもお皿もセンスアップして、お店のコンセプトも明瞭に定めないといけません。お客さまに「この野菜はどこのですの?」と聞かれたら、さらさらと(皿にかけているわけではありません)答えたりもしないと。お客さまの舌と目と心の3つを感動させないと。さもなければ、☆1・5くらい止まりで繁盛店にはならないのです。

パーティ貸し切りも積極的にやり、そのパーティに参加する人たちの趣味嗜好も懸命に読み取って新しいメニューづくりに燃えないといけません。そう、お客さまが変わったことにより、味だけでなく、お店の考え方も、新しいレシピへのチャレンジも、すべての質を高めなければならなくなっているのが、今なのです。逆に言えば、シェフのやり甲斐は大きく広がり、達成感も深まったと言えます。

伝える、から、動かす、への意味するところを最後にお話しします。

私はブログをやっていますが今はあえてカウンター・アプリをつけていません。以前はつけていましたが、閲覧者の数ばかり気になってしまったのでやめました。ブログくらいはページビューを気にせず書きたいな、と思ったわけです。そうです、見た人の数、時間帯、地域そんな情報がリアルタイムで反映される、そんな時代になりました。

さらに、閲覧するだけではあまり意味がないと評価され、買う、応募する、参加する、の実数、いわゆるコンバージョンを上げることが目標となってきています。数値によるコミュニケーションの効果測定と管理ができるようになり、企業の広告活動に積極的に活用されています。

もう伝わるだけではダメなのです。どれだけ動いたか、が重要であり、求められているのです。もちろん、人は情報の伝達や理解があって行動喚起しますから、伝わる、ことの基本的な大切さは全く変わっていません。それにプラスオンして、です。

生活者を言葉で動かす技術、それがコピーライティングのミッションになりつつあります。

ウェブライターの領域では集客責任を負うことがあります。コピーライターも当然、ネットメディアの仕事が増大してゆきますから、その責任を考えてゆくことになるでしょう。

コピーライターの仕事はマスメディア全盛の頃、キャッチフレーズ、ボディコピー、スローガン、タグライン、ネーミング書きくらいでしたが（それでも十分大変でした）、これからはウェブ領域での記事タイトル書きやインフルエンサー的ブログ書き、企業のステートメント、社長のスピーチのシナリオ、映画や本のタイトル書き、など活躍の羽根を広げてゆくことは確実です。

ベテランコピーライターにちょっとだけつぶやかせてください。本当に「拡散」させることは難しい、です……プロとしての責任を負うと切実です……どうしたらいいか、と思うことがしばしばあります……まだこれが正解というような方法論も確立はされていませんし……。

そして、大いに期待したいのはみなさんです。今後、若い世代のなかから新しい感覚を持った人が出て、この難問を解決してゆくかもしれませんね。それは実はとても楽しみなことでもあります。

その7

今②

課題解決から、課題発見へ。

「学園祭のロック・イベントで人をめっちゃ集めたいんだけど、ポスターとか、つくってよ。キャッチフレーズとかもよろしく」。なんて、あなたが友達（たぶん主宰者）に言われたとします。あなたはどうしますか。考えてみてください。

1週間後に学内にポスターを貼りたいみたいだから、まず絵を考えられる人間を探してアイデアを出してもらおう。ポスターはどのくらいのサイズだろう。そうそう、印刷とかの予算は？　ひょっとして持ち出し？　けっこう、レポート提出やバイトで忙しいから、スケジュールもちゃんとしておかなくちゃ。

わかります。集客を目標としたポスター制作。時間、お金、スタッフィング。ここが万全でないとロクなものはできません。そして強い表現インパクト。正論です。課題解決の方法ですね。

しかし、こういうふうに考える人もいると思うんです。ポスターつくっても、みんな学内にあまりいないし、貼る場所もそんなに目立つところはないなぁ。どんなにインパクトがある表現でも見られないんだったら意味ないんじゃないの？

それと、ロックが好きなヤツはどのくらいいるの？　そもそもディープな音楽好きはかなり減っているっていうし、だからポスターをつくるんだろうけど、入場料をわざわざ払ってまで来るかなぁ。とにかく、来る可能性が高い人に訴求しないと失敗するぞ。

こう発想するのは、まさに課題発見の方法の入り口にいます。集客のために、何が問題なのか、その根っ子部分を考えているからです。

根っ子発想。それが今、クリエイターに求められています。

一本の大きな木を想像してみてください。広告を初めとしたクリエイティブ表現物（作品）は地上から上に出ている葉や幹です。青々と茂ったり、力強くどっしりとしていたり、桜のように美しい花を咲かせることもあります。しかし、その素晴らしい表現は、私たちには見えない地下の根っ子から生まれています。そこが貧弱だと地上の表現は枯れてしまいます（先にあった氷山の例えとも同様です）。

何よりも恐いのは、どんなにクリエイティブ・アウトプットを飾っても、なぜかあまり機能しない結果になることです。それをいい表現と言えるのか、が今、突きつけられている問題なのです。

せんだって、糸井重里さんが、「これからは商品づくりをしてゆく」と宣言しました。コピーライターはもうやめるとも。今ある商品をコピーライティングすることで売れるものにしてゆくのではなく（課題解決）、何が売れるかという商品企画から考えてゆく（課題発見）をしないと、クリエイティビティは発揮できない時代になったという趣旨のことを語られていました。非常に示唆に富んでいると思いました。

この方向性は、生活者へより近づいてゆく方向性です。クリエイターが自らのなかで生活者のセンスを研ぎすましてゆくということかもしれません。

もはや、成熟した情報社会で、あっという間にテクノロジーによる先行者利益は失われ、流通もメディアも日進月歩で変化してゆく今、生活者という原点に寄り添うしかないのです。そして、それは確実に正しいことでしょう。企業や団体の身勝手な戦略・戦術は結果的には生活者の知恵と見識に見破られ、たいした効果をもたらさないまま消滅するでしょう。

ところで、学園祭のロック・イベントのポスター。あなたは決断します。学内でいくら告知しても集客できないんじゃないか。狙いは、大学にある音楽サークル・同好会です。他大学のも狙います。そこのメンバーにツイッターを使って知らせようと思いました。音楽に興味がある人たちをターゲットにした方がムダなく、メッセージが届きやすいと考えたからです。授業で習った「自分事化」です。

全員のアドレスを知るのはすごくハードルが高そうですが、各サークルのリーダーをつかまえて思いを込めて参加を促し協力してもらおうと決意します。デザインも考えなくていいし、予算の心配もいらなくなりました。そのかわり、コピーはめちゃめちゃ気になるものにしないといけないと気合をいれ直します。

「インサイト」という言葉を聞いたことがありますか。これからの広告・コミュニケーションの成功不成功を握る、キーワードと私はとらえています。インサイトとは、「内なる心のボタン」です。そこを見つけ、押してあげると人は動きます。

安いから買う。性能がいいから買う。今しか手に入らないから買う。みんなが買っているから買う。好きだから買う。買うための理由はいろいろあります。その理由を、広告・コミュニケーション産業では、やや公式的に、マーケティング的に考えすぎていたふしがあります。

ホントはね、生活する人はそうは考えていないんですよ。ホンネは違うところにあるんですよ。だから、狙いがずれてしまっているんじゃないかなぁ。そんなケースが増えてきているのです。

ちょっと評判のグラフィック広告があります。新潟の蔵元の酒「吉乃川」。キャッチフレーズがまさにインサイトを突いています。

「東京新潟物語」という企画です。お酒の原材料がいいとか、つくり方がいいとか、の差別ポイントは言っていません。新潟で生まれ、今東京で働いている女性が主人公です。故郷に、家族に、恋人に、仕事にいろいろ思いをはせながら一生懸命生きています。その彼女の心のうちがコピーになっています。

しかも、掲載場所は上越新幹線の車内。今まさにいろんな思いを抱えて、故郷と東京を移動する人たちが見るのです。ゴーッと音を立てるレールの上で。

吉乃川株式会社
子供の頃から見ていた
長岡の花火を
見に行かなかった、
初めての夏。
東京新潟物語
TOKYO ⟺ NIIGATA STORY

吉乃川株式会社
東京が晴れた日は、
新潟は雪だ。
私の故郷には、460年続く蔵があります。
東京新潟物語
TOKYO ⟺ NIIGATA STORY
お酒は20歳になってから。飲酒運転は法律で禁止されています。お酒はおいしく適量を。妊娠中・授乳期の飲酒は、胎児・乳児の発育に悪影響を与えるおそれがあります。

広告は市場を分析し、差別化ポイント（あるいは訴求ポイント）を定めて、発信してきました。それは少しも間違いではありません。しかし、人が動く「動機」は必ずしもそこだけにあるのではないこともわかってきました。広告がもっと人のホンネの部分をとらえることが今、必要になってきています。そして、コピーライターが発する言葉こそ、インサイトを表現するのに最適な手段です。

生活者に近づき、共鳴し、共振する強い力を生み出す。コピーライターにはそんなエモーショナルな役割が求められています。

その8

今3 アイデアありき、そののちコピー。

コピーライターは、やはり書くことで発想してゆくと思います。昔、まだパソコンがない頃です。先輩の有名コピーライターの席にいくと、原稿用紙があり、そこに鉛筆で所狭しと文字が書かれていました。

小さく隅にぐちゃぐちゃと書かれたコピーに丸がついていて「これ！」という殴り書きがあったりします。とにかく真っ黒になるくらいのびっしり感です。

書きながら考えているのがわかりますね。文字は記号でもあり、意味でもあります。意味である限りは思考そのものです。その真っ黒に汚れた原稿用紙は、誰にも負けないくらいオレは考えているんだぞ！とドヤ顔ならぬドヤ文字していました。

ですが、です。最近、コピーライターのなかにはコピーをあまり書かない人が増えてきました。それは問題だ、と言いたいところですが、どうもそうとばかりは言い切れないところがあります。

クルマに乗らないレーサー。野球をしない野球選手。コピーを書かないコピーライター。そんなもの成立しない！

確かにそうかもしれませんが、目を凝らしてみると、クルマに乗らなくてもレースの新しい戦い方を考えているスタッフはいますし、野球経験のない人がトレーニングの新しいやり方を導入して球団を強くする。そんな時代になってきている現実もあります。

つまり、職人的な技を磨きつくしてコピーライター道を極めるタイプと、発想や科学によって従来のやり方を変えることでコピーライター道を突き進むタイプのふたつがあるように思います。

やや唐突ですが、コマで例えると、表現軸とアイデア軸で回転している2タイプです。実は、この私も後者タイプかもしれません。インパクトのあるコピーを書きたい、よりは、インパクトのあることを起こしたい。そんな気持ちがいつもありました（もちろん、今も）。

私の部下だったコピーライターOくんは、優れたアイデアマンで、「黒澤さん、こんなこと思いついたんだけど、どうですかね？」と迫ってきます。ま、楽しみでもあります、こういうタイプは。

こんな商品あったらどうですか。こんな売り場があったらどうですか。こんな文房具があったらどうですか。

そして、最後に「こんなコピーとネーミングにしたいと思うんです」と、本職の言葉表現が出てきます。テレビだ、ウェブだ、新聞だ、ポスターだ、のメディアありき、の発想はありません。

あり、だと思うんです、このアイデアという原石からコトを起こしてゆくやり方。なぜなら、今、社会や生活者やそこで旗をたてようとしている企業は、もはや昨日から明日の自分に脱皮しようと模索中だからです。時代が構造変化を起こしているのに、コピーライターだけ構造変化を起こさなくていいはずがありません。

「アイデアはレジスタンス。現状をがらっと変えようとする意思」

（ある若いCDの哲学的発言。常識と戦うという働きがクリエイターにはありま す。少なくともそのくらいの覚悟はないとやっていけません）

コピーライターが言葉を武器にすることは、今も昔も未来も変わりません。それは揺るぎのないことです。しかし、そこに至るプロセスは、フレキシブルであっていいのです。アウトプットを考えるよりは、もっと手前の発想や企画から考えることもありだし、実はそちらの方向にシフトしつつもあります（根っ子から、というのもこのこと）。

最近、企業が広告を発注するだけでなく、どんな広告を打ったらいいか、一緒に考えてください。新しい商品を打ち出したいんだけれど、初めからチームに入ってください。そんなケースが増えてきています。

クリエイターにとって、コピーライターにとって、それは大きなチャンスです。あなたのアイデアや気付きで、世の中が変わるかもしれない、その核の部分で仕事ができるんですから。

世の中には、差別があり、戦争があり、貧困があり、環境の問題があり、コミュニケーションの問題があり、そしてそれらすべてがグローバルに関連性を持ちつつ、わたしたち個人を巻き込みながら、激動しています。

この激動のなかで、言葉の果たす役割は大きくなるという話をしました。そして、激動のなかで「発見」が必要不可欠という話もしました。かなりマクロな視点ですが、コピーライターの仕事はこのふたつをかなえる職業であり、それが社会的意義になってゆきます。よく考えよく感じるスマートさと、新しい課題にどん欲に挑むアクティブさ。

それがこれからのコピーライターに求められることであり、真に価値あるものを発見して社会にお届けする役割を持っているのです。

まとめてPoint

2章

1
コピーライターがやってはいけないこと、3つ。
「嘘は書いてはいけない」「パクリを書いてはいけない」「理解してないことは書いてはいけない」。

2
キャッチフレーズを書くだけが、コピーライターの仕事じゃないんだ。

3
基本①は、**言いたいことを凝縮すること**。
言葉を短くするのが大切じゃなくて、**何を言うかが大事**。

4
基本②は、**商品の「切り口」を見つける**こと。やってみよう。

5
基本③は、**「伝えたい」を「伝わる」**にすること。

6
なぜ伝わらないか、の理由はこれだ。
一、ふつうのことは伝わらない。二、説得しようとすると伝わらない。三、興味のない話は伝わらない。四、共感しないと伝わらない。五、アイデアがないと伝わらない。六、ひとりに伝わらないとみんなには伝わらない。七、聞く能力が伝える能力になる。

7
コピーライターの仕事は変化しつつある。
今の①**「伝える」から「動かす」**へ。
効果を求められるようになってきた。

8
インタラクティブの時代のなかで、言葉の役割は
どんどん重要になっている。**「拡散」**も言葉から起こる。

9
今の②**課題解決から、課題発見**へ。課題の根っ子から
考えることが求められている。商品を広告するのではなく、
広告をしなくても売れる商品をつくるのも仕事になる。

10
生活者のインサイトを発見することが、人を動かす力になる。
人の気持ちに近づくことにもなる。

11
今の③**アイデアの重要度**が増している。
アイデアありき、のコピーライターも増えている。

12
コピーライターは**発見業**。ここを忘れないようにしよう。

あの**人**にコピーライター**道**を聞いてみた。

長谷川哲士さん

面白法人カヤックコピーライター／株式会社コピーライター代表

面白法人カヤック。鎌倉に本社をかまえ、サイコロを振って給料を決めたり、旅をしながら働いたりと、テレビにもよくとりあげられるデジタルコンテンツ制作会社。ここのコピー部で働く長谷川哲士さん。検索を制するネット界のコピーライター。そのキャリアやワークスタイルを聞いてみた。

はせがわてつじ　1984年生まれ。リクルートにて求人広告のコピーライターを経験後フリーを経て、2012年に面白法人カヤックコピー部へ。平成27年7月7日に株式会社コピーライターを設立。フォロワー13万人越えのTwitterアカウント「コピーライッター」の中の人。2015年に「元カレが、サンタクロース。」（なんぼや）でTCC新人賞を受賞する。

Interview

――コピーライターになるまでに紆余曲折あったと聞きましたが。長谷川さんのキャリアをぜひ教えてください。

就職活動をしなかったので、大学卒業時は、ニートでした。でも、卒業直後の4月1日に、いま犯罪を犯して新聞に載ったら「長谷川哲士（無職）」と書かれてしまうので、それはイヤだと思い、就職活動をけっきょく始めたのです。

とりあえず、コピーライターになろうと思いました。大学4年のとき、宣伝会議のコピーライター養成講座には通っていて、コピーライターという仕事については、特殊なスキルがなくてもなれて、誰もが使える言葉を武器にして社会を動かしたりできて、横文字でかっこいい職業だなぁ、と思っていました。あと私服で働けるところもいいなぁと。

そして求人サイトで「コピーライター」と検索して、出てきたところにかたっぱしから応募しました。50社くらいに応募して、5社くらい反応がありましたが、どこも面接にも行かずにお祈りされて不採用。まぁコピーライターの経験がないので、しょうがないですよね。でもあるとき、「ライター」で検索したら、リクルートさんの求人広告ディレクターというコピーも書けそうな仕事が出てきて、それに応募して採用されました。それが、僕のコピーライターの第1章の始まりでした。

仕事は、ひとりでやるスタイルでした。広告の企画も、取材も、デザインも、コピーも、プレゼンも。とにかくなんでもやります。グラフィックもウェブも。求人広告ですから、応募と採用の数がハッキリわかります。ただ面白いことを言っても、反応があるわけでなく、読者がどんな気持ちでタウンワークをめくっているか考えて、その胸の内をつくようなコピーにすると、効果がありましたね。

2年半ほど経った2009年に、リーマンショックがやってきて、部署ごとなくなってしまいました。他の部署で制作以外の仕事をする選択肢もあったのですが、コピーが書けなければ意味がないなと決意して退職。2度目のニート時代です（笑）。

それから細々とフリーランスを続けていたのですが、27歳のときに、広告雑誌『ブレーン』で以前から興味を持っていた企業のカヤックの求人広告に出会いました。カヤックが「コピー部」という部署をつくろうと発想して初めての募集です。100人以上応募があったそうですが、誰よりも早く応募して、内定をいただきました。そこからが、僕のコピーライター人生の第2章という感じで、今につながっています。

――コピーライターとして意識してきたことは何ですか。ネット社会でのコトバの役割をどう考えますか。

僕には、大手広告会社のコピーライターがやるようなCMや大きなキャンペーンの仕事のチャンスがほぼ来ません。自分は他の人と同じことをやっていても、名前を売ることはできない。だから人と違う土俵で戦うということを常に意識してきました。リクルートさんを辞める直前、名刺の裏が真っ白だったので、勝手に、コピーを印刷して、自分の求人広告にしたんです。「タウンワークをつくっていたら、ハローワークに通うことになりました。」など（笑）。でも、これも人と違う土俵でコピーを書く例ですよね。

ポートフォリオも求人広告だけではインパクトが弱いので、「勝手にポスター大作戦」を考えました。たとえばバッティングセンターのポスターを勝手につくって、お店の人に持って行くんです。お金はいらないので、僕のキャリアアップのために、賞に出させてください、と交渉します。この作戦でいくつか広告をつくり、なんとか賞に入り、ポートフォリオを充実させ、仕事につなげました。ふつうにしていたら、誰からも相手にされない。そんな気持ちが僕をいつも動かしているのかもしれません。
もうひとつ。意識しているのは、コトバの拡散力です。ビジュアルよりも、コトバがてっとり早く拡散しやすいと思っています。これこれこういうコピーの広告があったよ、と簡単に人に伝えることができるからです。「元カレが、サンタクロース。」の電車内ポスターもネットで拡散していった広告です。
見た人が「思わず笑っちゃった」とTwitterやFacebookでつぶやく。それを見た人が「面白いね」とか言ってさらにつぶやく。そのまとめを自分でつくって、それをメディアに投げ込み、そこからネットニュースになってどんどん拡がっていきました。講演でアンケートをとると、半分以上の人はネットで見たと答えます。ＳＮＳは、ある意味、ポスターなどのマス広告を元気にすることができますね。広告の広告ができると言いますか。

――コピーがうまくなるためのアドバイスを聞かせてください。

Twitterをやって、たくさん反応のあるツイートをつくったり、フォロワーを増やしたりすることでしょうか。僕はいま、フォロワーが1万人以上いますし、コピーをつぶやく「コピーライッター」では、13万人くらいフォロワーがいます。リクルートさんで働いている頃から、少しずつ続けて増やしてきました。ちなみに、「コピーライター　Twitter」で検索すると、僕がいちばん最初に出てきます（笑）。

僕には、コピーを教えてくれるＣＤ（クリエイティブディレクター）も師匠もいません。Twitterをやっている世の中の人たちが、ある意味ＣＤであり、師匠です。自分の書いたコピーの反応を見て、成功か失敗かを振り返って経験値を重ねられます。ふだんのつぶやきだって、反応を見ることで、コピーのテストマーケティングにもなります。Twitterは、言葉が拡がるかどうかが肌感覚でわかっていいと思います。

いま現在は、いろんな企業さんから僕個人に仕事の依頼をいただけるようになりました。僕のコトバの拡散力に期待されている部分は多いと感じます。それと、コピーのアウトプット自体にも期待されていますが、コピーの反応をまとめたり、ニュースサイトに投げ込んだりして、話題にするという手法なども期待されて、頼んでいただけるようです。

TwitterやFacebookのフォロワーは多いに越したことがないですよね。それだけ注目されているということですし、この人にコピーを依頼したら、少なくともフォロワーの人たちには、広告は届くので。あと、Facebookからお仕事を依頼されることもものすごく多いですよ。

拡散し、検索されるコトバの条件は、色々あるでしょうが、僕のコピーは、ボケのコトバが多い気がします。そのほうが、見た人がツッコミをしやすいので、ネットで話題になりやすいのかもしれません。正しいことやカッコイイことも書くのですが、それよりは、くだらなくてクスっとしたり、それってアリなの？とびっくりさせたりするコトバのほうが拡がってゆく気がします。

悪い反応でも無反応よりははるかにいいと思います。無視されずに、賛否両論あっていいので、思わずつぶやいてしまう。そんなことを意識して毎日コピーを書いていきます。独立してつくる自分の会社の名前を「株式会社コピーライター」にしたのも、お前が勝手に名乗るなよという批判も覚悟の上でつけたんですよ（笑）。

Tetsuji Hasegawa's works
長谷川哲士さんの作品

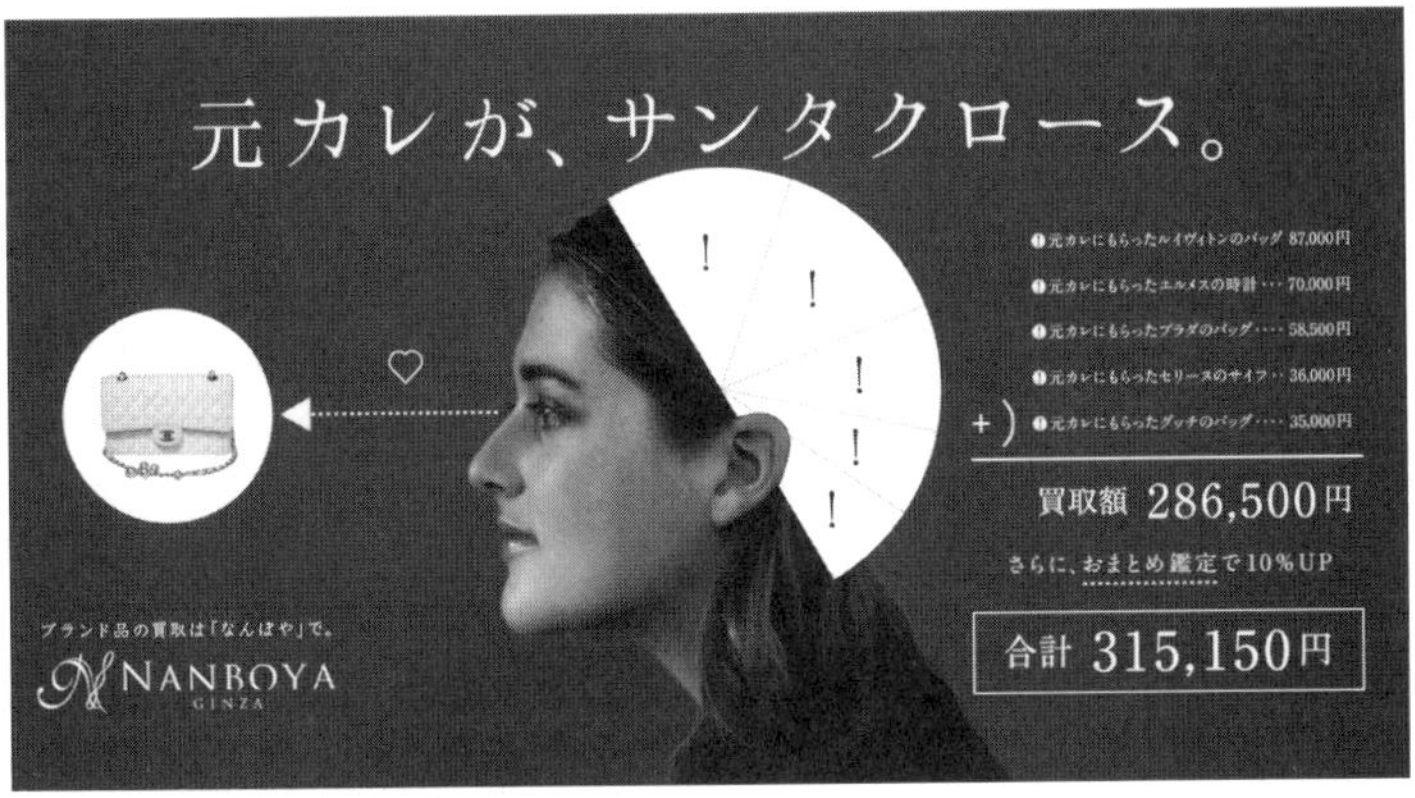

NANBOYA（なんぼや）企業広告
「元カレが、サンタクロース。」 車両広告

面白法人カヤック
「１社だけの会社説明会」
ポスター

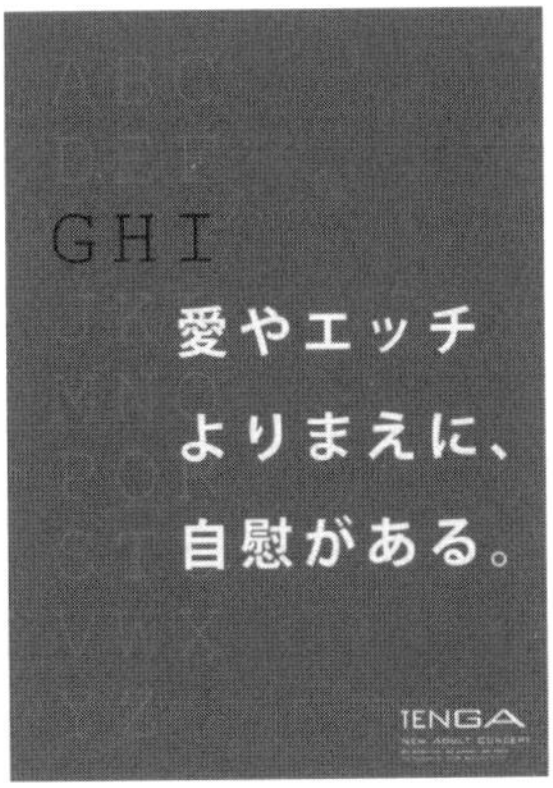

TENGA　企業広告
ポスター

あの人にコピーライター道を聞いてみた。

田中ことはさん

株式会社電通　中部支社
クリエーティブ・ソリューション局

電通に入社して8年。コピーライターとして自分流を輝かせ中の田中ことはさん。現在、中部のクリエーティブ・ソリューション局在籍。カンヌでデザインゴールドを獲ったり、ヘルスグランプリを獲ったり。地方から世界を目指すコツや、女性コピーライターならではの思いなどをお聞きしました。

たなかことは　熊本県生まれ。東京外語大学卒業後、2008年に電通入社。初任配属は中部支社のMCR局。1年後、社内試験に合格しコピーライターへ。2014年にTCC新人賞を受賞。主な仕事は「ある家族の日曜日篇」(東京ガス)、「オクリモヨウ」(大丸松坂屋百貨店)など。

Interview

――コピーライターになろうと思ったきっかけは？

ＣＭをつくりたかったんです。小学校の低学年の頃から、テレビが大好きでした。でも、うちの家は厳しくて、民放は子供の教育によくないからって、見るのを禁止されていたんです。一日中ＮＨＫだけ。だから、友達の家にこっそり民放を見に行くんです。そうすると、ＣＭがたくさん見られてシアワセでした（笑）。幼心にもすごいなぁ、と思ったのが佐藤雅彦さんの作品でした。高校はその影響があったんでしょうね、放送部に入ったりして、それから大学は全然脈絡なく外大のイタリア語学科に行きました。年に一回イタリア語劇を学生がやる大イベントがあるんですけど、その演出をしたりもしてました。ＣＭ大好き人間の就職は完全マスコミ狙いでしたが、もう落ちまくりでした。そんななかで、なぜだか不思議なことに電通が採用してくれたんです。

今、思い出しましたけど、面接では、スーパーの売り子をやっていた経験を話しました。すごく販促マンとして優秀だったんですよ。お客さまの動きや行列の仕方とかに法則を見つけて、企画を考え、工夫をしてやっていました。そうすると売り上げが変わったりして。ワタシは「投げて返ってくる」のが好きなんです。自分が考えたことや感じたことに人々が反応してくれる。そんなことを仕事にしてゆきたい、と必死に面接で言った記憶があります。

電通から内定をもらったその瞬間思ったのは、ああ、これでテレビCMの仕事に何らかは関われるんだ、って（笑）。実はそれからがなかなか大変だったんですけど。でも、そのときはそう思いました。

――コピーライターになるまでにどんなプロセスがありましたか？

とにかく大きな会社ですから、同期もたくさんいます。入ってから気がついたんですけど、クリエイティブ職になれるなんてほんの一握りの人間しかいないんです。いちおう、そこを目指してはいたのですが、まぁ、なれなくても仕方がないかな、という気持ちでした。

新人配属はいきなり中部。人生初の名古屋生活の始まりです。最初はマーケティング部でした。人生初のことばかりで無我夢中でなんとかやっていました。配属されてしばらく経つと、クリエイティブ試験があります。どの広告会社でもやられていることだとは思いますが、クリエイターになる人を選抜するんです。名古屋の宣伝会議のコピーライター講座に通っていましたし、もう実戦もかじっていましたが、自信はまるでなかったです。そうそう、クリエイターがいるフロアーに用事があって行くと、もうドキドキしていました。なんか違うんですよね、服装もレイアウトも、空気までもが違う。遠目ですけど、ステキな人たちだなあって。遠い、憧れの世界でした。

ここでも、なぜか不思議にも、試験をパスしてクリエイティブ職になってしまいました。

なんで選ばれたのかなぁ……コピーライターになったときの気持ちですか？「緊張ワクワク」かな。うわー、どうしよう、ワタシで本当に勤まるのかな、の不安感たっぷりと、あの憧れのクリエイティブのフロアーで働けるんだという期待感がちょっと。それが混じり合った感覚でした。

――コピーライターになってからの苦労や、ブレイクスルーしたきっかけなどを聞かせてください。

成りたての頃は、とにかく書くことが多かったです。打ち合せで、キャッチフレーズを100本書いていくなんてこともよくあったし、カタログみたいなページ物もたくさんやってました。正直、辛いと思ったこともあります。ラジオCMも相当書いていましたし、コピーライターはこんなに書かなくちゃいけないんだというのが驚いたことです、やっぱり。

もうひとつ、驚いたのは同業者の評価のプライオリティでした。広告業界の賞ですね。広告は社会や消費者が評価するものだと思ってましたが、業界内にはこんなにたくさんの賞があるんだ、しかもなんとなく賞を獲らないとマズイ雰囲気もあったりして、と。

その延長線上にあったことですけど、苦しかったのは、コピーライターのライバルが同じフロアーにいるということでした。他の広告会社、たとえば博報堂さんがライバルでそれに勝つようにがんばるのはわかるのですが、賞を獲る獲らないをふくめて、同じ仲間がライバルで、なんとなく勝ち負けがつくということが感覚としていやでした。小さいときから、仲間と競い合うことがすごく苦手だったからかもしれませんね。競い合わない関係だから仲間なんだという考えがありましたから。

でも、面白いことに、その賞がワタシの道を拓いてくれました。賞を獲ったから拓けたのではなくて、です。実は、名古屋から新しい広告クリエイティブの波を起こそう、そのために世界の有名な賞に積極的にチャレンジしよう、という動きが中部支社で盛り上がってきたんです。

そのとき、海外賞にエントリーするためには、英語力が高いクリエイターが必要になってきて、ワタシに白羽の矢が立ちました。本社ならそういう人材はたくさんいたんでしょうけど、名古屋にはワタシしかいなかったんです。カンヌに応募するときとかでは、2分足らずの簡単な作品意図を紹介する映像をつくるのですが、それも英語力とクリエイティブ力がないと、うまくいきません。外国語大学での英語力がここで生きるとは、不思議でした。そして、その仕事をしているうちに、自分の作品を海外賞にエントリーさせたいな、アイデアで世界をうならせたいな、と強く思うようになったんです。ま、そこで運良く賞を獲ったりしたんで、今日の取材にお呼ばれしているんだと思います（笑）。

――女性のコピーライターやそれを目指す人にエールを送ってください。

いちばんは、違和感を大事に！かな。その仕事、いまは規模的に小さくて評価されないかもしれないけど、でも、もっと面白くなるんじゃないの？　そんな違和感をもちつづけることが大事だと思います。エラそうでスイマセンが。

広告業界のメジャーで華やかな道には、人がいっぱいいて、競争相手も多い。しかしメジャーだろうがマイナーだろうが、東京だろうが地方だろうが、クリエイティビティは関係なく発揮できるものなんです。

予算が極端に少ない仕事でも、アイデア次第で世界の賞を穫れて、世界中に拡散して広がってゆく。人が群がらないところ、進んでやらないところ、そんなところにチャンスはたくさん転がっています。手つかずの資源があるし、女性だけが発見できる資源もあります。でも、人の捨てたボールを拾い、大切に育てて自分のものにしてゆくことができたら。ワタシらしい仕事かなと思っています。

Kotoha Tanaka's works

田中ことはさんの作品

大丸松坂屋
「オクリモヨウ」
スマホの中の写真で、オリジナル包み紙をつくり、店頭で包装するイベント。全国各地の大丸松坂屋で期間限定開催。販促会議賞ブロンズ受賞。

女の子	日曜日、部活があるので早起きした。
SE	トントントン（朝食の準備をする音）
女の子	もっと早起きしてる人がいた。
母	「あ、ごはん炊けたよ」
NA	東京ガスが、8時をお知らせします。

東京ガス　時報
「ある家族の日曜日 8時」
東京のラジオ局で8時〜14時までの時報をオンエア。 たった15秒の家族の会話を通じて、家族の絆を描く。ACCシルバー受賞。

3章

いいコピーはどうやってつくるのか、そのポイントを**紹介**します。

試験に強いコピーの書き方もアドバイスします。

その1

頭で考えてもうまくはならない。

一般的に、知識を覚えると物事は上達します。ところが、コピーライティングは必ずしもそうではありません。

それは、コピーライターには、職人的技術が必要だからです。クラフトマン的と言い換えてもいいでしょう。そして、職人、あるいはクラフトには、身体感覚の鍛錬がマストです。

たとえば、ちょっとシブ目ですが陶器づくりを考えてみます。初めて陶器をつくる人は本やネットで手順を勉強します。陶芸教室とかで教わることもあります。ところが、そこでの知識は大切ですが、その通りつくっても、初めは大したものはできません。ろくろひとつ回すだけでも歯がゆいほどの試行錯誤です（経験がある方もいると思います）。

頭でわかっていても、目や手や体がわかっていないからですね。素晴らしいデザインの陶器を発想しても、身体感覚が身に付いていないとカタチにすることはできません。創造的仕事では、実はこの「目や手や体」が大活躍しているのです。創造的＝頭脳的という誤解を持っている人も多いと思いますが、まずはその誤解は持たないでください。逆に、身体が覚えるまでトレーニングすれば、確実にコピーライティング能力は上達します。

今でもコピーライターはたくさん書きます、打ちます。ミーティングにコピーを１００本くらい考えて臨むこともあります。その全部をその場で見せるかどうかは別として。

そんなに書けるってすごいですね。大変ですね。と思われるかもしれませんが、プロフェッショナルとはそういうものだし、あなたもやり始めれば必ずできるようになります。

ただし、コピーライティングは例であげた陶器づくりとはちょっと違うところもあります。私が勝手に言っているのですが、「知的身体感覚」がポイントと考えています。

というのは、「言葉」は、直接的に「意味そのもの」だからです。感覚的でありつつ、考え方的でもあります。だから、毎日、言葉をつくるだけでなく、そこに考えも込めてつくってゆかなければなりません。ですから、手を動かす↓考える、というよりは、考える↓手を動かす、という創作法が近いのです。

加えて、広告はふつうでは見てくれない運命を持っているからこその知恵や工夫も必要です。

どんなに傑出したコピーでも「場」や「時」を間違えるとまるで魅力のないものになります。陶器は展示会などで一般のお客さまがわざわざ見に来てくれますが、広告をわざわざ見に来るのは、業界の人だけです。

単なる身体感覚でなく、知的な身体感覚。発想・アイデアや場合によってはメッセージ・思想のレベルまでも生み出すこと。時々、広告クリエイターは建築家に近いと言われますが、まさにそんな感じです。もちろん、建築のように40年50年といった長いスパンを見据えることはありませんが。

そして、「知的身体感覚」を身に付けるには、繰り返しになりますが、訓練を積み重ねること。それ以外の道はありません。唯一の道です。頭で考えてもうまくはなりません。

しかし、就職や転職を目指すみなさんには訓練の時間はあまりありませんね。上手になる勘所を少しでも早くつかむ。そのメソッドを特別に伝授します。私がコピーライターの教育・育成に使ってきたプログラムがベースになったものです。まずは、あなたがコピーライター経験なしの1年生だとして、話をしてゆきます。ステップ順にやってゆきましょう。そのステップに沿ってゆけば必ず「知的身体感覚」が磨かれます。コピーライターの「ツボ伝授プログラム」の始まりです。

就職や転職に際しては、コピーライターの適性試験が出ることがほとんどですから、そのための下準備に当然なります。また、ふだんから、人を動かす文章を書きたいと思っている人にも必ず役に立つはずです。

その2

ステップ1 名作を血と肉にしよう。

まず、用意するもの。パソコンは絶対必要です。スマホもあるにこしたことはありません。そして、ノートを一冊。以上で完了です。簡単ですね、コピーライターは身軽な商売です。

さて、いちばん始めにやっていただくのは、コピーの名作を知ることです。ずばり、おすすめはＴＣＣコピー年鑑の閲覧です。

ＴＣＣは東京コピーライターズクラブの略称で、業界のコピーライターたちの会費で運営されている団体です。優れたコピーを毎年、選抜し掲載しているのが、ＴＣＣコピー年鑑です。

ただし、高額ですから、学生の方は図書館などで閲覧してください（もちろん買える方は買ってください）。大学の図書館だと休み時間に見られて便利ですからぜひチェックを。

コピーライター1年生にＴＣＣ年鑑を見なさい、というと初めはその分厚さにえー、何、これ？という反応をしますが、そのうちどんどんハマってゆきます。広告とは、社会そのもの、時代そのもの、文化そのものでもありますから、実に面白く、エキサイティングです。しかも、何しろその年ごとのベストワークがずらっと並んでいるのですから、信じられないくらい勉強になります。

日本人、特に若者は、昔のことは古いことで学ぶべき価値はないと考えているふしがありますが、全くの間違いです。昔の延長線上に今があり、未来があるのですから、ある技術や視点を身に付けるには、点でなく線でとらえた方が正解であり、早道です。

私のいた広告会社では、1年生コピーライターに20年から30年分くらいを閲覧させていましたが、最低でも10年分は見てください。そして、いいコピーの持つ「感覚」を学び取ってほしいのです。何を、どう書くかのアプローチを学んでほしいのです。

さらに、大切なのは、ただ閲覧するだけでなく「マイベスト10」を選んで、書き写しておくことです（ノートがいいです）。名作コピーが縦糸だとしたら、自分の視点という横糸を絡めるのです。そして、なぜ、そのコピーが良かったかの理由も、書き写したキャッチフレーズの近くに書いておいてください。

いいコピーには必ず、「なんかいい感じ」ではない「はっきりとした考え」がありますす。悪いコピーには、それがありません。そのことに気が付くまで、この作業はしてください。

私がコピーライターに成りたての頃も、この書き写し（「写経」という人もいます）をやっていましたし、今でも新人コピーライターにやらせている会社が数多くあります。とても重要なファーストステップですので、省かずにやっていただきたいと思います。あとの成長が本当に違ってきます。

その3

ステップ2 自分のキャッチフレーズを考えてみよう。

さて、ステップ2は、書くことを始めます。

TCC年鑑を10年分見ると、一冊2時間としても、20時間。ヒマを見つけて少しずつやったとして、最低2、3週間くらいはかかるでしょう。

その閲覧、マイベストの抜き出し、その理由明記の3つが終わる頃には、そろそろ自分も書きたくなります。言葉で表現をしたい欲求がメラメラと燃え上がります（間違いなくあなたも！）。時は満ちたり。

そのとき、ぜひ取り組んでほしいのが、「自分のキャッチフレーズを考える」、です。

これから就職とか転職とか、自分を見つめ、自分のセールストークを考えてゆく作業とオーバーラップしてやると効果的です。自分のキャッチフレーズで、自分の立ち位置を決めるのです。

よく画家が自画像を描きますね。あれです。自分を冷静に見つめることで、自分を発見してゆく、極めて大事なプロセスです。

就職、転職だけにとどまらず、今の仕事が少し行き詰まっている人にも、この作業はおすすめです。仕事に振り回される日常からちょっと距離を置き、本質（この場合は自分です）を見つめるには、コピーライティングの技術がとても有効です。

1年生コピーライターに書かせると、なかなか苦戦します。それはそうですよね、社会に出てまだほんのちょっと、どんなことを書いたら上司からほめられるか、という邪心も入ります。

〈関西生まれですが、いたってマジメです〉。うーん、そんな人たくさんいるからなぁ、珍しくないわなぁ。〈東京で一旗あげないと故郷には帰れません〉。この前の連休に、キミ、帰ってたよね、早くも。〈やがて社長になれる人材です〉。冗談なのか、マジなのか、微妙過ぎて笑えないかも。〈コピーライターは社会と企業のシアワセを見つめています〉。正解だけど、一般論。もっとキミらしさを掘り下げようよ。〈大学生からいち早く脱皮して、社会で羽ばたきます〉。わー、エントリーシートみたいなキャッチフレーズ、これも自分らしさが足りないなぁ。〈言いわけを言わない男〉。なるほど、キミに仕事を頼みたい気がちょっとした。でも、もっと違う切り口で考えると、もっといいのが出てくるかも。〈1年発起〉。キャッチーだね、思い切って短くしたのはすごくいい。けど、来年はもう使えないよね。自分らしさなんだから、できたら数年は使えるものにしようよ。などなど、それなりに難しい作業です。でも、自分を言葉化するのは楽しい作業です。みんなそんな顔をしてやっていました。

ここでぜひ気付いてほしいのは、自分らしいか、らしくないか、は他人が決めるということです。いくら自分は繊細な性格だと言っても、まわりが大雑把過ぎると感じていたら、まるで意味がありません。多くの若い人たち（時々かなりの年配者をふくみます）はここを間違えます。

難しい話かもしれませんが、「自分」を見つめる目は実は、他人から「自分」を見つめる目です。自己の像とは他者から見た像でもあります。ですから、考えを深めてゆくと必ずぶつかるのが、自分が思う「自分」と、他者が思う「自分」とのギャップです。

そう、つまり優れた自己表現とは、他者の視線を十分に意識しつつ、そのギャップを埋めようとする努力のことです。この努力がまさにコミュニケーション活動です。

「自分のキャッチフレーズを考える」は、セールストークをどうキャッチフレーズにするかというテクニカルな面だけでなく、コミュニケーションの本質的な面に触れるいいチャンスでもあるのです。ぜひ、第2ステップとしてやってみてください。

考えたら、ぜひまわりの人に見せてくださいね。「あ、これ、キミらしいね、なるほど」と言われたキャッチフレーズは、ネームカードに入れたりするといいと思います。

その4

ステップ3 言葉でスケッチしよう。

次のステップは、言葉スケッチです。

日頃、みなさんは授業やセミナーや会議で、メモをとっていますね。どうでしょうか、そのメモを後日見返したときに、意味が通っていますか。いいメモとは私は、見返したときに、さらにいい気付きが生まれるメモだと考えています。

メモするものには、2タイプあります。ひとつは、忘れてはいけないこと。スケジュール、予算・値段、約束の場所時間、商品などの名前……です。

ふたつめは、気付いたこと、です。セミナーで、講師の方が話していて、あ、ここがすごく大事！と気付く。使えるフレーズだな！と気付く。あの情報と関連させたら面白い！と気付く。発見系ですね。

両方、必要なものですが、後者は創造的なビジネスや生活に必須のものです。

そして、私はそれを「言葉スケッチ」と呼んでいます。発見や発明によって生み出される絵画作品の下書きのようなものです。キャッチフレーズやコピー全般を完成させてゆくときのラフスケッチです。

私は、ノートにスケッチする（書く）場合と、スマホの「メモ」にスケッチする（打つ）場合と2パターンあります。

最近、私がスマホのほうに残したスケッチをいくつかご紹介します。意味不明かもしれませんが、まぁ、感覚だけでもつかんで参考になればいいかな、と思います。

「マーケティングは目標を達成するための技術……顧客第一主義は本当にできる？……持続性こそ社会のテーマ……環境問題は目標数字が必……10年後にはなくなる常識……起業するより安定性……企業力より、起業力。……」。これはあるセミナーを聞いていたときのスケッチです。最後の「企業力より、起業力。」は、聴講中、思いついたコピーです。発展させると実戦で使えるコピーになるかもしれません。

こと細かにスケッチをしているわけではありませんが、気になった言葉をその場でサクッと打って、残しておきます。粗筋を残すのではなく、印象だけを拾い上げる感覚です。なるべく短い言葉で残してゆきます。

このスケッチのいいところは、見返して吟味するとキャッチフレーズ化しやすいことです。気付きがあった言葉を残す↓見返す↓再度気付く・残す↓見返す↓キーワードやキャッチフレーズができてゆく。

ま、そんな循環です。気になる言葉という素材を拾い上げることから始めて、何度も精錬されて磨かれてゆくイメージです。

デスクでウンウンうなってコピーを絞り出すのもあり、ですが、こうやって人の言葉から気付いたことを、きちんと網羅しておくと発想の素になるものです。ぜひ、習慣付けてほしいと思います。

もうひとつ、このステップには大事な意味が隠されています。前の章でも書きましたが、「伸びる子はよく聞く子」。これは、コピーライターで伸びる人材にもそのまま当てはまります。ビジネスパーソン全般にもたぶん当てはまります。

聞く能力は、実は書く能力に欠かせないものです。自分の意見にこだわり、正解を主張するだけの人材よりは、発言は少なくてもきっちりと人の意見を聞きながら、自分の意見を形成してゆける人材のほうが魅力的です。現代社会では（おそらく未来社会ではより）、ひとりが持つ情報だけでは問題解決はできません。情報摂取をどうするか、そこにその人のインテリジェンスが現れます。

特に量より質です。ネット社会の深化により、情報の量はすでに個人のタンクからあふれ出そうとしています。もはや量を求めてもあまり意味がなくなります。質とは何か。それはよき情報のみを摂取する能力とそれをソリューションに結びつけてゆく創造の能力のことです。

商品について自分が知っていることより、クライアントの技術者のほうがはるかに知っています。店頭についても、クライアントの販促セクションの方のほうがはるかに知っています。それは、ごく当たり前のことです。

しかし、若いときは、このごくごく当たり前に不思議にも気がつきません。それは、自分中心の情報メカニズムのなかに生きている、生きてきた、からです。「自分が知らないことは必要のないこと」「必要のないことは知る必要がないこと」という認識があるからです。

そういう私も、会社に入った頃は、あまり人の話を聞くタイプではありませんでしたが、ある仕事で技術者にインタビューしたときに、「なーんにも知らなかったんだなぁ、自分は」とつくづく思い、打ちのめされたことがあります。そして、その会社の技術について、非常にリスペクトするようになりました。

他ジャンルのプロの話は宝の山です。摂取の能力が高い人は、その宝を優れたコピーに転換させてゆきます。

言葉スケッチをすると、自然に聞く能力が高くなり、いいコピーを書く能力にも確実につながってゆきます。

大学生の方、お勤めの方もふくめ、日頃の講義や社内セミナー以外に、積極的に自分から大学外・会社外でやっている「聞く機会」も活用すべきです。ネットで中継されているＴＥＤを始めとするトークセッションなどもとてもスキルアップにつながります。

その際、言葉スケッチを忘れずに。言葉で残す訓練をすれば、コピーライターとしての成長はぐんと早まります。

その5

ステップ4 商品の良いところをコピーにしてみよう。

次のステップは、いよいよキャッチフレーズを書きます。上手下手の差が如実に出てくるところです。

コピーライターを目指すあなたが、就職や転職を希望するとき、はーい、わかりました、どうぞコピーライターになってください、とその会社は言ってくれません。あなたが、コピーライターに向いているかどうかの、適性試験があります。ほとんどの会社で設定している「関門」です。

どうしたら、その関門をめでたくくぐり抜けられるのか。そこですね、みなさんの関心事は。しかし、焦ってはいけません。この章でお話ししているプログラムのステップを踏みながら、計画的に準備してゆくことが大切です。プロのコピーライターでもうまくなるために日々努力しているのです。まだ若葉マークのみなさんが性急にうまくなろうとしても100%無理です。

さぁ、関門突破のために、次のステップに移りましょう。次は、商品の良いところをコピーにしよう、です。実は、この課題、若い人はかなり苦手です（たぶんあなたも）。商品に対する愛着がどんどん希薄になってきているからです。

しかし、覚えておいてほしいのは、広告のコピーのほとんどが商品をどう表現するか、だということです。

もうひとつ、大事なことを言います。それは、コピーは基本的には肯定形だということ。ほめることこそ、コピーなのです。

言い換えると、ポジティブに商品やサービスや企業活動をとらえ、本質的な良さを見つけ、言葉に定着させるのが、コピーライターの仕事です。コピーライターは批評家ではありません。批評家精神は多いに持つべきですが、表現にするときは、すべて肯定的な実践家として行動します。

2章で述べたように、商品の「切り口」をまず、考えてみましょう。ポジティブに、です。こんな商品ムリ、売れない、自分的に関心がない、ではダメですよ。

ほめましょう。リスペクトを持ちましょう。そうすれば、生活者と商品との接点が見えてくるはずです。

キャッチフレーズ以外に、コピーライターの業務範囲はどんどん広がっていますが、ここではキャッチフレーズという基本、かつ、商品を書くという基本で訓練をします。

例を出して考えてみます。52回宣伝会議賞の協賛企業賞の課題のなかから、牛乳石鹸共進社さんの「カウブランド赤箱」の商品広告です。「「赤箱」はお風呂で身体を洗って『きれいな素の自分に戻って、リラックス』していただきたい石けんです。」と商品特徴が書かれてあり、「お客さまに「赤箱」の価値を伝えるコピーを募集します。」と書かれています。

下には、「カウブランド赤箱」石けんは1928年発売。86年の歴史。全国国内生産。釜炊き製法という手間と時間がかかる昔からの製法でつくられていることが補足的に記述されています。

さて、考える糸口をどうするか。「赤箱」の価値を伝える、のがお題ですから、まずここを考えないといけません。切り口を探します。

切り口になりそうなのが、①86年のロングセラー。②素材は国産。③手間と時間がかかる釜炊き製法。④きれいな素に戻れてリラックスできる石けん。⑤牛のマークの赤いパッケージ。⑥ミルク成分が入っている（ネット検索調べ）。というところです。

この商品特徴面からの切り口だけでなく、社会的な動向や生活者のトレンドからも切り口を考えます。⑦天然に近い石けん。⑧ナチュラル指向を目指す人の石けん。⑨身体に使うものだから、安心安全な石けん。といったところでしょうか。

この9つの切り口に沿って、書いてゆきます。私はそれぞれの切り口で、10個くらいはキャッチフレーズを書いてゆきます。善し悪しはあまり吟味せず。そうすると、そこを掘っても、お宝コピーが出てきそうもない切り口がわかってきます。

キャッチフレーズですから、インパクトがないといけません。ここが苦労のしどころです。

では、ちょっとだけ実際に書いてみましょう。自分をさらけ出すようで恥ずかしさもありますが、コピーのつくり方の参考になるといいと思います。

①の切り口で。コンセプト的なものをふくめて。
・お母さんもおばあちゃんもそのおばあちゃんも使い続けて、86年。
・つくり続けられたのは、あなたに愛し続けられたから。
・私はベストラーよりロングセラーが好き。
・歴史的きれいな石けん。
・あと14年すれば、100年だ。
・日本人の肌を守り続けてきました。
・戦争の時代も平和の時代もお風呂には牛がいました。
・博物館に入らずに、まだ現役。
・なんにも変えずに、86年。
・いいものは変わらない。
どうでしょうか。パッと考えて10個出してみました。商品の哲学を語るにはいい切り口かもしれませんね。その哲学を強めるために、切り口①②③の複合技を考えると、

・たかが石けんですが、ポリシーあります。
・素肌のための結論は、「何も変えない」でした。

とか、が浮かびます。応募ものなので、もうちょっと派手めなコピーを見つける必要もありそうです（なかなか大変なのですよ）。実際の広告でブランド価値を高めるためには、最後の「素肌のための……」のコピーは「あり」だと思いました。

さて、この課題の協賛企業賞は、〈肌から、素直になってみる〉でした。生活者寄りの発想ですね。

商品コピーの書き方、いかがでしたでしょうか。参考になってくれたらうれしいです。こんな手順で、いくつかの商品を自分で自由にピックアップして、キャッチフレーズを考えてみると成長が早まります。応募ものもいろいろありますので、それにチャレンジしてみるのもとても有効です。

その6

ステップ5

いいコピーと悪いコピーの違いをわかろう。

コピーを書き始めるようになると迷い出します。客観的に、つまり外野席で見ていたときは、いいプレイ悪いプレイが一目瞭然だったのが、グラウンドに立ってみると、もはや客観性などどこかに消えてしまいます。見た人がどう思うか、微妙な言い回しもふくめて気になり始めます。

でも、安心してください。気になるということは、あなたにコピーライターになる素質があるからです。プロになるには必ず通る迷いだと心得てください。プロになっても霧のなかに迷い込むことはあるものです（かなりあります）。コピーライター道はそれほど容易なものではないのです。

簡単にいい悪いを判断するリトマス試験紙はないのでしょうか、と言われればあります。

それは、ずばり、「発見」があるかないか、です。

平成27年度、ＴＣＣ新人賞のコピーのいくつかを見てみます。

〈同性を好きになる人は、じつは左利きの人と同じくらいいる。〉（日本セクシャルマイノリティ協会）

〈人は、一生育つ。〉（ベネッセホールディングス）

〈元カレが、サンタクロース。〉（なんぼや）

〈友達も受賞していないことにホッとするようじゃ、ダメなんだ。〉（学校法人モード学園）

〈ただいま、14年待ちです。〉（アステラス製薬／日本臓器移植ネットワーク）

〈98％の人が、茨城は京都より魅力があると答えました。（茨城県庁職員１００人に聞きました）〉（茨城県）

〈追い抜く瞬間、少しだけ息をひそめる。I'm a runner.〉（adidas japan）

〈すべてのママは、働くママだと思う。〉（ハグママ）

〈「駐車場の確認をしたい。どうぞ」と連絡した。「ちゅう…………したい。ど

うぞ」と迫ってた。〉（城山）
＊ちなみに、サブキャッチは、〈つながりにくい無線機では、話になりません〉。城山は無線機の会社なのです。
どうでしょうか。ずらりと「発見」コピーが連なります。ちなみに、ピックアップしたのはグラフィック系のもの。CM系のものは、映像がないとその良さがわからないので、あえて割愛しました。グラフィックのビジュアルもふくめて、ぜひ検索してみてください。素晴らしい仕事ばかりで、その中心にコピーがきらっと光っています。

「発見」とは、「初（はつ）見」であり、「ハッ見」だと思っています。

今まで、考えつかなかったとか、思っていなかったとか、知らなかったとか、そんな事実を初めてコピーライター個人が見つけて、言葉にします。そうすることで、生活者は、ハッとして見て、記憶に残してゆくわけです。ハッとしないコピーはすぐに忘れられてしまいます。そして、そんなコピーが今、世の中にとても多いように思ったりもします、残念なことです。

「発見」は、言い換えると、「気付き」「アイデア」でもあります。まさに、コピーライティングの芯です。「なるほど！」「そう来たかぁ！」「わかるわかる！」。そんな感情の爆発を呼び起こすには、何度も見たような「定型」を見せられても、ムリです。ですから、みなさんも「発見」を大切にしてコピーを書くことが肝要だと思います。

ただし、広告コピーは常に、発信者である企業や団体との関係のなかで構築されないといけません。初心の方は、ここを間違えることがしばしばあるので注意がいります。

たとえば、〈ただいま、14年待ちです。〉のコピー。発信者が宇宙旅行促進協会だったらどうでしょう（そんな団体名はないと思いますが）。「ま、そのくらいかかるかな、宇宙旅行に行くのは」とスルー気味になってしまいますね。

でも、製薬会社と臓器移植ネットワークだから、「えっ、嘘でしょ、そんなにかかるの!?」と思うのです。「もし、自分に関わりがある人が臓器移植をしないと生きて行けないとしたら……なんとかしなくっちゃ。」とアクションに結びつきやすくなるのです。コピーと発信者のかけ算でインパクトが生まれることをお忘れなく。

数字表現は「発見」を感じさせるときに有効な方法です。また、人の気持ちに常日頃から、目をこらすのも、極めて大切です。

〈友達も受賞していないことにホッとするようじゃ、ダメなんだ。〉のコピーはよく人の内側を見ていますね。発見しています、言われると、「うーん、そういう気持ちあるなぁ、いかんなぁ」とぐさりと刺さります。

コピーライターが気付くと、生活者も気付く。という構造が面白いですね。そう、気付きは伝染します。気持ちが通い合う瞬間が生まれます。

「コピーライターは発見業だということを発見したんです」

（こんなことを言った若手コピーライターがいました。なるほどなぁ、と今さらのように気付かされたのでした）

いいコピーは、「発見」があるコピー。何か大切なことを発見しているかどうか、と自分のコピーを見て考えてください。発見が弱いときは、もっと強い発見を求めてください。なかなか困難はありますが、見ている人と気持ちが通じて、行動を起こしてくれるきっかけになるのですから、がんばり甲斐はありますね。

ステップ⑤で、トレーニングはいちおう終了です。あとはいろいろな課題に応じて、コピーを書いてゆくだけです。基礎的なことは身に付いたのですから、あとは場数です。うまく行ってないと感じたら、ステップの①に戻っていただけるといいと思います。

それでは、「発見」するためには、どんなふうに発想したらいいのか、そのツボを次にお話ししましょう。

その7 さかさま発想術。

発想のツボ1

コピーライターはどんな風にコピーの発想をしているか。個人個人でやり方があります。人には教えたくない方法論がある人もいるでしょう。
「特にありません。その時々で、必死になって生み出されます」。実は、私もそんなタイプです。しかし、分析するとマイ方法論があるかもなぁと思い、今回それを精査し、おすすめ発想のツボとしてご紹介します。

とりわけ、クリエイティブテストに臨むとき、なかなかいいコピーが出てこないとき、発想の道案内に使っていただけるといいと思います。

プラス、ビジネスのいろんな場面で、人を動かしたい文章を書きたい人もぜひ、参考にしてください。

さて、いちばん初めは、「さかさま発想術」です。最近、その典型だとうなずきまくったのが、このコピー。

〈ボクのおとうさんは、桃太郎というやつに殺されました。〉（日本新聞協会）。

サブキャッチとして、〈一方的な「めでたし、めでたし」を、生まないために。広げよう、あなたがみている世界。〉とあります。語りの主人公は、鬼の子供ですね。彼（彼女かも）から見たとき、世界はさかさまになります。コピーは、実に自由ですね。鬼の子供を主人公にしてメッセージを語らせるなんて、と思いませんか。

そう、さかさまな視点でとらえたとき、世界は本当の価値を見せてくれることがあります。真実は常識の裏側に隠れがちなものです。でも、コピーライターはそれを発見することができるのです。

名作コピーにも、このさかさま発想は数々あります。ほんのほんの少しだけ例を紹介します。コピーの後ろの文章は、私が常識的見方を基に突っ込みを入れたものです。

〈時代なんか、パッと変わる。〉（サントリー・リザーブシルキー）
→ふつう、パッとは変わりません。
〈時は流れない。それは積み重なる。〉（サントリー・クレスト12年）
→時は流れるものです。だから人間、年をとります。
〈人間が本当に孤独を感じるのは、群衆の中だ。〉（パイオニア）
→孤独とはひとりぼっちの淋しさ。

常識は正解かもしれませんが、全くドキドキしませんね。

実は、この3本、同じコピーライターが書いたものです。秋山晶さん。私もリスペクトしてやまないクリエイターです。

秋山晶さんのなかには、世の中の常識で語られていることに対する反抗心があるように思います。本当のことはそういうことじゃないんじゃないか、と未だ見ぬ真実を探し求めて生まれ出るコピー。そのスタンスはかっこいいし、その言葉がキラキラと発光している広告もぜんぶかっこいいんです。

さかさま発想コピーは、かなりのスピードで人とコミュニケーションできるのも特徴です。真実に、人は飢えているんですね。
では、簡単な例でやってみましょう。

〈これからの日本は、高齢者社会だ。〉というコピーを私が今、書きました。どう思いますか。正解ですね、間違っていません。試験に出れば○。
でも、読んでも何にも感じないのではないでしょうか。インパクトがない、メッセージがない、そして何より発見がない。ですから、これは悪いコピーです。

では、〈これからの日本は、若者社会だ。〉と、さかさまコピーを書きました。どう思いますか。「う、そんなわけないだろう」という否定や「なぜ？」という疑問が湧きますね。そこがポイントです。心に引っかかる効果があれば、それはいいコピーの仲間なのです。

では、広告主を○○大学にしてみましょう。キャッチコピーの近くに、こんな文章を置いてみます。
「日本の人口の3分の1が60歳以上になる。君たち若者はその社会で何をすべきなのだろう。新しいイノベーションを創造しない限り、社会に幸せはこない。身の回りではなく、もっと社会に目を向けよう。大胆に改革できる若者を育てたい。〇〇大学」。

どうですか。〈これからの日本は、若者社会だ。〉のコピーの意味が明確になり、ポジティブなメッセージとして機能していませんか。

常識やルールを疑うのは、コピーライター思考として必要なのです。「裏返せ！常識ってヤツを」くらいの気合いでいかないといけません。

また、広告主や商品との関係性のなかで、さかさま発想がバシッとはまる場合があります。

就職活動のコピーを書いてください、なんて課題が出たときは、「就職はとてもつらい」。「就職活動はスーツ着用で暑い」。「大きな会社に就職するのがセオリー」とか、世の中の常識をまず書いて、それをひっくり返してゆけば、発想の糸口をつくれます。実際の業務では、変数が膨大にあるのでそう容易にはいきませんが、課題テストではあり、です。

ひっくり返し例は、こんな感じ。

「就職は知らない人と会えて楽しい」。「会社の人も学生もクールビズでいいじゃんか」。「小さな会社を大きくするのが僕のセオリー」とか、さかさま的に書いてみると、なんか糸口がありそうな気がしませんか。

注意点は、さかさま発想であっても、否定的なコピーにしてはいけないこと。あくまでもポジティブに、「なるほど!」を掘り起こすこと。そこがポイントです。

その8

発想のツボ❷ ベクトル発想術。

コピーの社会的役割は、何なのか。とマジメに考えたことがあります。つい10年くらい前です（やや遅いかも）。

人とコミュニケーションをとること。確かにそうです。昔から言われている役割です。モノやサービスを売ること。これも必要ですね。企業のイメージを上げることもそうです。広告の言いたいことを集約するもの。コンセプト・メイキングですね、これは。全部正しくて、30年前、会社に入った頃から教えられてきたものです。

90年代半ば、バブルがはじけて、経済が失速し、多くの企業が倒産しました。それと同時期に、グローバリズムとＩＴイノベーションがやってきました。日本がグローバルスタンダードの波にもまれ、アメリカのＩＴベンチャーの市場となり、働き方も稼ぎ方も激しく変わっていった。失われた20年なんて言い方もされます。

そんな流れのなかで、コピーが30年前と同じ役割でいいのか、という疑問がありました。あるとき、「SHIFT_the future」という日産自動車のグローバル・スローガンをテレビで見ました。そのSHIFT（シフト）がキーワードではないかと瞬時に頭にランプが灯ったのでした。

つまり、今、Aの位置にあるものをBの位置に動かす（シフトさせる）ことが、コピーの役割ではないかと感じたのです。

構造を変えないと生きていけない、社会とそこで活動する企業もふくめて。そんな時代にコピーの価値はそれなのではないか。運動をつくる。社会や人にベクトルを指し示す。そんな役割をこれからのコピーは目指すべきだ、と思いました。難しい話かもしれませんね。具体的にどんなコピーなのか、ピックアップしてみましょう。

いちばんわかりやすいのは、これです。

〈モーレツからビューティフルへ〉（富士ゼロックス）

70年代の大ヒット広告ですが、あの頃も今と同じく、新しい価値観へのニーズがありました。生き方、働き方への提言。まさにシフトを促す狙いでした。

〈日本を休もう〉

90年、JR東海の言葉。人が成長を信じてあくせく働いていた時代。バブルがはじけようとしていた時代のコピーです。

このベクトル・コピーの特徴は、提言的だということ。コピーの語りかけのサイズが大きい。小さい気付きと言うよりは、どーんと大きなことを発言しています。

さきほどAからBへ動かすと言いましたが、そのベクトル（↓）がこっそり隠れている場合が実は数多くあります。

〈好きだから、あげる。〉（丸井のギフト）

今までは、義理だからあげる。↓これからは、好きだからあげる。

〈年賀状は、贈り物だと思う。〉（日本郵便）

今まで、年賀状は、年の初めのハガキ。↓これから、年賀状は、あなたの心を表現する贈り物。

そう、このベクトル系コピーは、現状否定から出発して、ちゃんと行く先が言葉化されているのがすごいところです。

〈権力より、愛だね。〉(トヨタ自動車・クラウン)。ステータスシンボルのクラウンが↓愛を込めたクルマに。

〈ひとりを愛せる日本へ。〉(郵政民営化スタート)。みんなに対応する日本ではなく↓ひとりを愛する日本へ。私たちの会社は目指します。

ベクトル系コピーは、「~より、~」、もしくは「~ではなく、~」という構造で考えると発想の糸口をつかみやすくなります。では、ちょっと練習をしてみましょう。

最近、駅前に小さい花屋さんができました。ギフトひとつにしても、贈られる人の人柄をじっくり聞いてから、丁寧に花をチョイスしアレンジしてくれます。その店のキャッチコピーを考えてください。

いろんな切り口や気付きから書けますが、ちなみに、ベクトル発想でやってみるとどうなるでしょう。

花を売るのではなく↓気持ちを売っている。

買っていただいたあなたの満足より↓贈る相手の満足を提案する。

あの花屋には、いい花だけでなく↓いい人がいる。

これから花屋は、花より↓人の時代。

ま、そんな感じでしょうか。いずれにしても、「今まで↓これから」の、局面を変えるコピーに発展させることができそうですね。最終的に魅力あるキャッチフレーズにするには、まだまだ磨き込むことが必要ですが。

大鉈でバサッと社会を切るようなベクトル系のコピーは、少なくなっている感じもします。価値転換のメッセージをなかなか、コピーのなかに込めにくい時代なのかもしれませんね。

一方で、ネーミングに、このベクトル構造が隠れていて、新しい価値を提案しているものが増えてきています。

たとえば、

「大人ＴＳＵＴＡＹＡ」。

若者の音楽映像などのエンタメストア→団塊世代前後の音楽映像を核としたカルチャースペース。

こんなのも、あります。

「明治おいしい牛乳」。

カルシウム成分とかが多くて健康にいい牛乳→基本である絞り立てのうまさを実現するおいしい牛乳。

このネーミング例でわかると思いますが、新しい価値を提案してブランドを構築するには、このベクトル系のコピーが向いていますね。

その9

発想のツボ③

インサイト発想術。

インサイトとは、心の内なる欲望のボタン。このボタンを押されると、人は共感し、共鳴し、アクションを始めます。1章でも、お話ししましたね。例として〈そうだ 京都、行こう。〉の広告も取り上げました。

コピーライターの仕事が「発見」にあるとすると、人の心のなかにあるボタンを見つけるのはまさに本筋。ど真ん中です。ところが、このインサイト、いつも霧のなか、暗闇のなか、なかなかつかめません。つかんで、単純にそれを言葉にすればいいだけなのに、と何度思ったことでしょう。

インサイト発想を邪魔しているものを考えてみましょう。まずは、情報が多過ぎて、どれがインサイトか、がわからないこと。

古い話で申し訳ないのですが（さすがに私も駆け出しの頃です）、ある広告を出したところ反応が返ってきました。それが手紙でした。

読者が切手を貼って手書きで広告の感動した所を綿々と綴っている。営業さんが得意先に届いたのを、「ほい、黒澤。いい反応だよ」なんて、席に持って来てくれるのでした。それを読むとこちらも感動するわけです。当時は、まだインサイトなんて言葉はなかったですが、ターゲットのハートを射抜けたなぁ、と思い、その夜、うれしくて近くのバーに出かけ、ささやかな祝杯をあげたりしたものです。切手代をかけてくれて、本当にありがとう。

今は、ネットで即・無料で反応が返ってきます。いい反応もありますが、悪い反応もあります。広告は表現物ですからいろんな意見があって当たり前ですが、本当にこの広告でよかったかどうか、ターゲットの意見が多様すぎて迷います。そして、クライアントも迷い、むしろ悪い反応を気にします。


次に、広告の構造が高度になりすぎたために、生活者との間に距離が生まれていること。

今、広告ビジネスはどんどん進化しています。マーケティングも、ブランディングも、メディアも、クリエイティブのテクノロジーも一昔前とは激変しました。それは産業としてはいいことだと思いますが、左脳的な作業が増えて来て、感覚的にエモーショナルに生活者をキャッチする右脳アンテナが弱くなってきているのでは？の危惧もあります。

業界が高度になろうが、見る側はふつうの生活感覚で受け取りますから。送り手と受け手の立ち位置がズレてきている。そして、送り手の立ち位置が上位になってきている気がします。

もうひとつは、クライアントの視点で仕事をしすぎるところがあること。

広告が高度になってきたことと関係して、クライアント、つまり企業も思考や組織が高度になってきています。今は宣伝部という単一的機能の部署は少なくなり、マーケティング部や企画プロモーション部やブランド○○部のような組織が、俯瞰的に戦略を構築し、その傘のもとで広告を実施することになってきています。広告の価値が下がったのではなく、永続的な強い効果を求めるためには、戦略的アプローチがより必要になってきたわけです。

このトレンドのなかで、生活者の日常的感情が忘れられる場面もあるように思います。そして受注側である広告会社・制作会社は、クライアントの高い要求を実現することに汲々としている側面もあります。

やや難しい話でしたね。要は、表現をつくるクリエイターが、自らも生活者であるのにもかかわらず、生活者インサイトを見つけにくい時代になってきている。そのことを覚えておいてほしいと思います。

さてそれでは、インサイトを突いた名作コピーを紹介しましょう。ありすぎて本当に困るほどです。おそらく、このジャンルがコピーライティングの本道なのでしょう。

〈恋は、遠い日の花火ではない。〉(サントリーオールド)

これは、しびれましたね。当時、40代の私はまさにターゲット。毎日毎日、仕事漬け。忙しくて、家と現場との往復のみの生活。CMが素晴らしく、ナレーションコピーとしてぐさりと刺さりました。ぜひ検索してみてください。若いターゲットにも刺さるかどうか、興味があります。

〈恋を何年、休んでますか。〉(伊勢丹)

恋の次も、恋。これもぐさりと来たなぁ。インサイトを突かれて、伊勢丹に仕事帰りに寄った記憶があります。

〈一枚のTシャツを買うよりも一枚のTシャツを売ることの面白さを知った。〉(学生援護会)

みなさん向けに。わかりますよね、この感じ。ほんとは売る方が面白いと薄々は思っていたんじゃないでしょうか。インサイト系コピーは、心のどこか奥の方にあるのに本人も気付かない思いをズバッと引き出してくれます。

〈仕事を聞かれて、会社名で答えるような奴には、負けない。〉(リクルート)

こんな気持ち(ガッツ)が、あなたの奥底に眠っていませんか。よくぞ、言ってくれた、というコピーではないでしょうか。

〈地図に残る仕事。〉(大成建設)

この名作コピー。実は、大成建設の社員の方に感動を起こしたそうです。それまでは、ビルを建てる仕事という価値だったのが、地図に残る、というスケールの大きい価値があると気付かせてくれたわけです。街を変えてゆく誇りも感じますね。社員のお子さんが、ああ、パパの仕事は地図に残るんだ、と見る目が変わ

※〈地図に残る仕事。〉は大成建設の登録商標です。

ったという話もあります。でも、社員はずっと思っていたんですよね、僕らの仕事は単にビル建設にとどまらないもっと価値のある仕事をしてるんだ、と。インサイトをずばり言い当ててくれたコピーだと思います。

このインサイト系コピーの名作は限りなくあります。あとはみなさんの自由研究にお任せします。友達と一緒になって探してみても楽しいと思います。けっこう盛り上がります。

さて、このインサイト、どう見つけるか。

「生活者の気持ちになって考える」。これに尽きます。なーんだ、当たり前と言うなかれ、これが実は難しすぎるほど難しいことなのです。

カメラはふたつ、の話をします。

この話、若いクリエイターたちに時々しています。この章の、その3でも近いことを言いました。

ひとつめのカメラは、自分から他者を見るカメラです。

他者とは、他人や他集団です。自分が動かすカメラで、いい意味でも悪い意味でも「自分本位」です。自分の目のあたりに付いている感じでしょうか。

まず、人間は、このカメラを使って情報を仕入れます。その一次情報を組み合わせたり、加工したりして、他人にとっての2次情報をつくってゆきます。創作物は2次情報ですね。一日、仕事をして得た情報を自分の知性や感性を使って、レポートにしたりする。そのレポートは2次情報で、私はこう思う、で構成されています。自己表現であり、必然的に「自分勝手」になりがちです。

優れたクリエイター、ビジネスマン、研究者に数多く出会ってきましたが、あるとき、気付かされたことがあります。

それは、ふたつ目のカメラを持っていることでした。

自分を他者が見るカメラ。主観ではない、客観のカメラです。たぶん、自分から1メートルくらい離れたところに浮遊していて、撮った映像は自分の脳に送られ、見ることができるようになっています。つまり、他者の目を持ちながら、生きることができるのです。創作物が、自己表現ではなく、他者表現になっている。自分の壁も他者の壁もなく、表現が自由な視点を持ちながら、行ったり来たりできるわけです。

ふたつのカメラを持つことで、情報は立体、３Ｄになり、持たない人が見る世界とは異なるリアルな世界をゲットできます。

広告クリエイターでもカメラがひとつで、自分勝手なアイデアばかりに固執する人がいます。芸術家ならそれでかまいませんが、ビジネスマンであるべきクリエイターがそれでは困ります。極端な話、自己を捨てて生活者にどうしたら受け入れてもらえるか、だけを考えていてもいいのです。そのほうが答えにたどり着きやすいことが多いのです。

あなたは、ふたつ目のカメラを持っていますか。一度、問うてみてください。それは生まれつき持っている人と、たゆまぬ努力により持てるようになる人とがいます。他者からの視点を常に意識して日々を過ごすことは、インサイト発想につながってゆきます。

「新幹線のコピーを書くんだったら、一度、運転席に坐って運転してみないと、本当のことは書けないね」

（ある先輩コピーライターいわく。今から思うと、乗客の視点カメラだけじゃな

くて、運転する人の視点カメラも必要だということだったのでしょう、新幹線を3Dの情報にするためには）

発注側でもなく、創作側でもなく、ターゲットに定めた生活者の気持ちを探し当てて、コピーにする。今、多くの企業が顧客第一主義を掲げていますが、広告クリエイティブにおいてもそんな顧客第一主義がより重要になってゆく気がします。

自分の殻に閉じた発想をしてはいけません。多くの友達とリアルな場で議論をしながら、ああ、人って僕とは全然違うことを思っているんだな、と感じることも大事です。

また、学生だけと付き合うのではなく、さまざまな世代や職業の人と付き合うこともプラスになるでしょう。オープンマインドであることは、優れたコピーライティングにはとても必要なことです。

その10 ツイッターでツボ伝授。課題に答えてキャッチフレーズを書いてみよう。

さて。練習問題を出します。考えたコピーはツイッターで送ってください。簡単ですが、ツボをお返しします。そのツボを参考にして、またツイートしていただいてもかまいません。腕をふるって、脳をふるって、コピーを考えてみてください。優秀作は、なんらかのカタチで表彰します。

返信は遅れる可能性もあります（そのときは、ごめんなさい）。就職転職のお悩みなどはセミナーで別途お聞きします。今まで、コピーを書いたことがないなんていう方、とても大歓迎です。

さぁ、この本を買った人だけうまくなる、ツボ伝ツイッター特別企画の始まり、始まり。

課題 「市電のある街を応援するコピーを!」

140W

多くの街が市電を廃止してしまいました。でも、コトコトと走り続けている街もあります。そんな街を応援するキャッチフレーズを考えてみてください。

長崎、鹿児島、熊本、広島など、実際に走っている風景や人々の生活を具体的に思い浮かべながら考えるといいかもしれませんね。

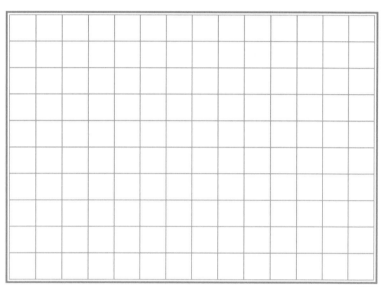

公式アカウントをフォローして「#ツボ伝ツイート」でツイートするだけで、あなたのコピーを直接指南。ここからコピーライターの一歩を踏み出そう!

詳しくは公式アカウントをみてね。

↓

@tsuboden_twit

〈ツイートまでの流れ〉

STEP1　@tsuboden_twitをフォロー。
STEP2　市電のある街をPRするコピーを考える。
STEP3　「#ツボ伝ツイート」をつけてツイートしてください。

〈ツボ伝ツイート〉

「これから、絶対、コピーライター」公式アカウント（@tsuboden_twit）をフォローいただいた方で、「#ツボ伝ツイート」をつけて課題コピーをツイートしてくれた方に、コピーのツボを伝授します。

※課題に沿わないツイートや、非公開設定をしている場合は、ツボ伝授の対象外となります。
※ご返信は遅くなる場合があります。予めご了承ください。
※2016年6月1日までのツイートがツボ伝授の対象期間です。その他の最新情報は公式アカウント（@tsuboden_twit）をご覧ください。

まとめてPoint

3章

1

うまくなるには、**身体で覚える**のがいちばん。

知的身体感覚を身につけること。

2

ツボ伝授プログラム
5つのステップで早く身につく。実戦力があがる。必修科目。

①名作を血と肉にする。
↓TCCコピー年鑑を少なくとも10年分は見る。できたら、20年分。

↓いい!と思ったコピーを書き写すともっと感覚がアップする。

↓マイベスト10をチョイスする。その理由も話せるようにしておこう。

②自分のキャッチフレーズを考える。
↓言葉で自画像をつくる。自分の強み弱み、他人から見たときの自分をきちんと知るチャンスになる。

③言葉でスケッチしよう。
↓気付きを書き留める習慣がとても大事。

↓気付きは、いいコピーの素になる。見返すことで、気付いたことはまたスケッチしておく。

↓聞く能力を育てることにもなる。情報をとらえる感度を磨く。

④商品の良いところをコピーにしてみよう。

↓商品をポジティブにほめるのが、コピーの原点。

↓切り口から考えて、コピーに発展させる。

↓一般公募の賞に積極的にチャレンジする。

⑤ **いいコピーと悪いコピーの違いをわかろう。**
↓ずばり、「発見」があるコピーはいいコピー。

自分のコピーに発見があるか否か、がリトマス試験紙になる。

3

発見を発想するツボは、3つがおすすめ。

コピーを書くときの、コンパスになる。就職や転職時のテストに使えるぞ。

その1は、**「さかさま発想術」**。常識を裏返してみる方法。

その2は、**「ベクトル発想術」**。Aの局面や状態を、Bに転換する。

その3は、**「インサイト発想術」**。コピーライターは生活者であることを忘れずに。

4

自分から他者を見るカメラ、**他者が自分を見ているカメラ**の、ふたつを持とう。

5

ツイッターで力作を送ってください。待ってます！

あの人にコピーライター道を聞いてみた。

キリーロバ・ナージャさん

株式会社電通
ビジネス・クリエーション・センター
電通総研
クリエーティブ

ロシア生まれ、世界育ちのナージャさん。現在、電通ビジネス・クリエーション・センター所属。新しいテーマに、アイデアフルに挑戦中です。カンヌのグランプリを獲得した「Sound of Honda / Ayrton Senna 1989」の中心メンバー。日本語も堪能でコピーも日本語がメイン。キャリアのこと、など、お聞きするのが楽しみです。

ソ連（当時）、レニングラード生まれ。6カ国で育つ。慶應義塾大学卒業後、2007年に電通入社。さまざまな領域に取り組むクリエーティブとして活動し、国内外のプロジェクトを幅広く担当。Cannes Lions Titanium Grand Prix、D&AD Black Pencil、文化庁メディア芸術祭大賞など多数受賞。現在はCannes Lionsの審査員もつとめる。

Interview

――広告クリエイターを目指したきっかけと、日本でコピーライターをやるきっかけを教えてください。

私の小さいときのロシアには広告がなかったんです。全くゼロ。それが7歳の頃、日本に来て、すごいびっくりしました。放送と放送の間に入っているあれは何?って。まだ日本語はあまりわかりませんでしたが、面白いと思ったんです。アイデアがあるからわかるんです。逆にアイデアがないものは理解できなかったです。それで、そのCMを覚えてモノマネをすると、小学校ですごくウケました。友達もできたし、みんなと仲良くなれるツールでした。そうそう、それからいろんな国で暮らしましたが、CMはその国の文化の凝縮です。そこがまた面白いんですよ。

大学生活は日本で送りました。アイデアを考えるのが好きでした。自分でいろいろ考えているのが楽しかったので、こういう仕事ができたらいいなぁ、とは感じていました。そして、電通のインターンシップで、クリエイティブ塾に入ったんです。私にとって大きな変化がやってきました。というのも、初めてコピーというものを学んで書いてみたんです。日本語でチャレンジしてみました。そうしたら、すごく面白かった。もちろん、日本語の細かいニュアンスがわからないので、全然、コピーの出来はダメでしたけど。言葉をこんな風に使うと人はこんな風に動く、という感じが少しわかりました。そう、私が人生で初めてコピーを書いたのが日本語だったんです。
でも、あくまで目指したのは、企画やアイデアで勝負できる広告クリエイターでした。コピーライターで勝負するのは言葉の問題でとてもムリだと考えていました。
運良く電通に入社できて、初めはストラテジックプランナーで、マーケティングをやりました。そして、1年経った頃、クリエイティブ試験があって、コピーライターをやれ、ということになったんです。私をコピーライターにするなんて、なんと大胆な会社だと思いました（笑）。

――コピーライターになって苦労したこと、そして成長のきっかけになったことを教えてください。

正直、初めはどうしようと思ったんですよ。アイデアはあっても、やっぱり日本語で書くのは難しいんです。ニュアンスがある言語ですから。特にボディコピーね。大先輩のコピーライターから、TCCコピー年鑑の写経（書き写し）も80年代くらいから命じられたし、「100本書きなさい」も言われました。そうしたらいろいろ発見があって気持ちが変わってゆきました。コピー年鑑を見ていたら、日本の文化・社会、その移り変わりがよくわかるんです。「おしりだって、洗って欲しい。」のコピーを見たときは、びっくりしました。おしりを主語にして広告している国なんてどこにもないですよ。

打ち合せに、やっとのことで考えたコピーを持ってゆくと、みんなが考えてきたこととなんか違うんです。アイデアは変だし、コピーも変だし。ズレているんです。でも、思ったのはズレているから、役に立つんじゃないかな、って。このズレを大切にしようと思いました。

配属されていちばん初めの仕事がクルマの仕事で、競合でした。ターゲットが平たくいえば、ヤンキーのクルマだったんです。ヤンキーって何？　ヤンキーを必死で探しました（笑）。どんな人たちなんだろう、本物を求めて旅をしたんですよ。キティちゃんのスリッパ、それから紫が好き。もう衝撃。でも、衝撃があるとコピーになりました。初めてのことに出会ってばかり。ある意味、まっとうじゃない変化球ばかり投げていました。ずっと日本で暮らしている人と勝負するには、この新鮮な感じ方を持ち続けようと思いました。

とにかく無我夢中でしたけど、楽しかった。日本のいろいろなことに初めて出会えることもあったけど、このクリエイティブな商売でないと会えない商品や体験がありました。ふつうの仕事って、ひとつのジャンルのことをやるじゃないですか。でも、いくつものクライアントのジャンルが違う商品を手がけることができるのは、本当に素晴らしいこと。いろんな世界の住人になるイメージです。

今は、修行時代を終えて、ビジネスを創造してゆく仕事をしています。メディアありき、ではなく企画やアイデアを先行させて新しい領域をつくることにチャレンジしています。

コピーライターとしての重圧は下がりました。CR局のときと違って、初めの段階ではコピーがない仕事も数多くあります。

特徴的なのは、チーム。いろんなジャンルの人が集まってきていて、それぞれの分野からアイデアが出てくる。デザイナーもポスターの仕事とかがないのにチームに入っている。デザイナーはロジック以外のところからアイデアが出るから刺激的。チームは、オープンでフラット。そう、営業もふくめてみんなでコピーを書くときもありますよ。

私の場合は、日本人のコンテクストとは違うところで考える、わざとではないけど自然にズレているのが強みになっている。同じアイデアでも出所が違っている。そんなことを先輩コピーライターのスキルとは違うとこで考えているうちに、日本語で表現するのもうまくなっていったと思います。自分らしさを意識的に活かしながら、たくさん書くことをやってきました。表現をがんばっているうちに、気がつけば技術があがっていた気がします。

今は、アイデアがメインですけど、最後はカタチや言葉で世の中に出さないといけない。その能力は、クラフトマン的なもの。そこがダメだとぜんぶがダメになっちゃう。クリエイティブワークのこわいところです。ついつい若い人はクラフトを見失いがちですけど、やはり意識して重点を置くことも必要かな、と思ったりしている今です。もっともっと成長しないといけませんね。

――ナージャさんのように異文化で育った人がコピーライターになるために、どんなアドバイスがありますか。

コピーライターになれる人はいると思うし、なろうと思っている人もいると思います。でも、そういう人は国際的な仕事をしているのかもしれませんね。いわゆるグローバル企業で、グローバル相手のビジネスです。

私は、実はそういう仕事はしないようにしています。あえて、日本のクライアントに、日本語で仕事をしています。そのほうが面白いですよ。なぜなら、私も新鮮だし、チームやクライアントも新鮮だから。英語で英語圏のビジネスをしてたら、普通です。私がスタッフにいることで、日本の広告ビジネスにグローバルな視点が入って、もっと活性化するかもしれないですし。そんな触媒にもなれるし、コピーライターになってみたらどう？って言いたいです。

最大の壁は、日本語で表現することだと思いますが、今、広告はどんどんアイデアで勝負するようになってきています。コピーライターがみんな職人でなければやってゆけないことはもうないのではと思います。最近、カンヌを受賞している日本からの作品もアイデアフルでチャレンジングです。クラフトとしての日本語コピー力は必要になりますが、プランニングの力があれば自然とついてきます。もちろん、努力は大変ですけど。とにかく、面白がってできる商売。やったらやめられません（笑）。

Nadya Kirillova's works

キリーロバ・ナージャさんの作品

森永製菓 ×JAXA×電通
おかしな自由研究
「夏の夜空におかしな
星座をつくろう。」

エフエム東京
「Honda Smile
Mission」の
しゃべるクルマ
「プチェコ」

あの人にコピーライター道を聞いてみた。

福部明浩さん

株式会社Catch
クリエイティブディレクター
コピーライター

株式会社Catchの福部明浩さん。博報堂出身の今、ノッてるCDです。カロリーメイト「ファイト」のCMを覚えている人も多いと思います。社名の由来でもある、キャッチコピーには人一倍のエネルギーを注力、磨き上げてゆきます。クライアントや商品と社会をつなぐ、福部組の広告づくりから目が離せません。

ふくべあきひろ　1976年 生まれ。京都大学工学部を卒業し、1998年に博報堂へ入社。ACC賞、TCC賞など数々の広告賞を受賞。2013年に独立し株式会社catchを設立。主な仕事に、「カロリーメイト」「ソイカラ」(大塚製薬)、「MATCH」」(大塚ベバレジ)など。絵本創作にも注力し、絵本屋さん大賞を受賞するなど活躍の場を広げている。

Interview

——コピーライターになろうと思ったきっかけは?

大学2、3年までは、広告クリエイティブのことはなにも知らなかったです。CMはぜんぶその企業の人がつくっていると思っていましたから。その頃、たまたま博報堂の入社案内パンフを見ました。なんか、すごくかっこよかった。ああ、こんな業界があって、いいかもしれないと感じましたね。それで、宣伝会議のコピーライター講座を受講しようと思ったんですけど、よく読まずに総合コースを選んでしまいました。だから、クリエイティブだけでなく、営業の講座なんかもあって、勉強にはなりました。そのとき、初めてコピーを書きました。課題もかなりやりました。わかったのは、人はいろんな価値観で生きているんだなぁ、コピーはそこに「ものさし」をつくる仕事だなぁ、ということですかね。いい「ものさし」があれば、人は動きやすくなります。ま、そんなきっかけがあって、博報堂を受けたわけです。

——入社してコピーライターになるまで、となってから、どんな苦労がありましたか。

博報堂に入社したときは、営業志望でした。もちろん、コピーライターになりたい気持ちはありました、熱烈に。でも、コピーライターになりたい、なりたい、と言っても間口を狭めるだけなんで。とにかく営業志望で通しました。入社してから、クリエイティブ適性試験があることは知っていました。少人数しかなれないことも。

おかげさまで、宣伝会議のときのスキルは適性試験で役立ちました（笑）。やっぱり、初めてコピーを書く、企画を考えるよりは、訓練してあるほうがいいですよね。入社してからわかったことなんですけど、コピーライティングは、技術と努力が効くんです。うまくなるには、先天的なものというより、後天的なものが大きいんです。ですから、ちゃんと勉強してあれば適性試験でもいい結果が出やすいんです。

そうして、めでたくコピーライターになって、いい先輩コピーライターの下で鍛えられました。前田知巳さんです。人間的にも優れた人だったんで、本当にラッキーだったと思います。

以降、苦労の連続でしたけど、コピーライティングということで言えば、ＣＭにおける言葉の役割を把握するまで10年かかりましたね。やはり新聞やポスターなどの印刷物における言葉とは役割が違うんです。流通力が強いし、時間軸での計算が必要ですし、何度も見る可能性も高いですし。僕は印刷物と映像物の両方を若いときから、区別せずにやっていましたから、逆にそんな悩みにぶつかったのかもしれません。ちなみに、「ファイト」のCMのコピーは、「とどけ、熱量。」ですけど、プレゼン時は、「その熱量に、カロリーメイト。」だったんです。迷いましたが、届くスピードが遅いかも知れないとも思い、変更しました。ま、ここらへんはかなり感覚ですけど。でも、うまくいく確信はありました。

――CDで全体を統括してゆくようになって、仕事が変わりましたか。コピーの質はどうでしょうか。

コピーライターから出発して、キャリアアップしてCDになるんですけど、そうすると何が違うか。クライアントのことがよくわかるようになります。コピーという部分ではなく、全体を統括して広告づくりをする立場になる。お話する機会も増えるし、一緒に悩むこともあるし、情報量がまるで違ってきます。そうすると、コピーは書きやすくなります。会社の名前が、Catchですけど、いろいろな話を「受け取る」という意味もあります。仕事の責任は重くなりますが、間違いなく面白くなります。コピーライターは、面白さが成長してゆく職業なんです。

もうひとつ。仕事の幅も広がります。世の中との接点が広がると言うか。そもそも、広告クリエイティブはマルチタスクです。つまり、いっぺんにいろんな企業の商品やサービスをさまざまなスタッフとできる。もちろん、競合関係にあるものはできませんけど。

たとえば、メーカーでクルマの仕事をしていると、フルモデルチェンジするためにはスタッフが固定した状態で5年くらいはかかる。それはそれで偉大なことですけど、それに比べたら、僕らははるかに打席が多い。この打席の多さが発想の範囲を広げて、脳を柔軟にしているところがあると思うんです。

——コピーライターを目指そうかどうか、迷っている人に、ぜひアドバイスをください。

そこですよね、言いたいことはたくさんあるんです（笑）。まずは、最終的にコピーライターになるかどうかは別として、コピーライティングを学んでおくと、就職や転職に有効だということを強く言いたいですね。世の中の人がどう考えているかがわかりやすくなる。どう言ったら人は動くのか、を掘り下げる技術がコピーですから。しかも、それは努力で身につけられる。こんなに学ばなければいけない技術はないんです。

あと、コピーライティングで身に付くのは、「逆算のスキル」です。僕は、絵本をつくって今まで世のなかに10冊くらい出しているんですけど、デザイナーだったらどんな絵のトーンにしようか、どんなキャラクターなら子供に気に入ってもらえるか、と発想します。でも、コピーライターは、今度の本は、お片づけを自然にできるようになる本をつくろう！と出口を発想します。おもちゃで遊ぶことも大切、でも片付けることはもっと大切、と、ママの気持ちや世の中を見ていて発見するんです。目標までをステップで考えるんじゃなくて、最終形へジャンプします。それがあれば、トーンもキャラクターも考えやすくなり、発想も広がってゆきます。逆算のスキルほど、今、ビジネスで求められている能力はないんじゃないでしょうか。

太字にしておいて欲しいんですけど、**全員コピーの勉強をしなさい！**と言いたいくらいです。

理科系の人が、コピーライターが文科系の職業だと思っているのは大間違いです。僕自身も工学部ですし、実はコピーというのは、証明問題によく似ています。売りなさい、イメージをあげなさい、共感させなさい、などの問題に、言葉で解を出すのです。しかも、証明問題は短く証明した方がレベルが高い解です。まさにキャッチコピーといっしょなんです。僕は、理科系の人のほうがコピーライターに向いていると思います。

それから、言いたいことがもうひとつ。コピーライターという職業は、面白がる気持ちを育てます。そのコツをつかみやすいと言えます。ポジティブ・シンキングなんですよ。話は飛びますが、「少子化担当大臣」ってネーミングがあるんじゃないですか。あれってポジティブじゃないですよね。ことだまとしても。なにをやる大臣なのかの役割はよくわかるんですが。僕なら、「子宝大臣」にしたい（笑）。そのほうが楽しいじゃないですか。課題に対してポジティブになれる。コトバひとつで状況をガラッと変えられる。コピーライターの技術は魔法の技術なんです。

仕事は忙しいですよ。でも、楽しめますから全然苦になりません。趣味が仕事になったような感覚ですから。みなさーん、コピーライターにトライせずに、何にトライするのですかぁ。一回は考えてみる価値がある職業だと思いますよ。

Akihiro Fukube's works
福部明浩さんの作品

大塚食品
MATCH
「曲がり角」篇
TVCM

日清食品
カップヌードル
「SAMURAI-K」篇
TVCM

4章

なりたい！と思ったら、あとはチャレンジするだけ。

どんな人がなれるの？
どんなふうにしたらなれるの？に答えます。

その1

あなたはコピーライターに向いているか、の7か条。

長年、多くのコピーライターを真近で見てきたり、コピーライターの適性を判断したり、試験問題を考えたり、教育したりしてきました。CDも長くやっていましたから、自分で言うのもおこがましいのですが、コピーライターでうまく行く芽のある人は、かなりぴたっと当てられます。

この章はなるべく簡潔に話をすすめてゆきます。まずは、向いているかどうかの7か条。

一、人と同じことはしたくない。

二、とことん考えるのが好き。

三、会社より社会のために働きたい。

四、人間の直感力を信じられる。
五、チームで現状を突破したい。
六、困難に会うとなぜか燃える。
七、かなり人が好き。

全くそう、を100ポイント、まあ、そうかな、を60ポイント、微妙だな、を30ポイント、全然違う、を0ポイントにして計算してみましょう。

400ポイント以上だと安心してコピーライターにチャレンジしていいでしょう。それ以下でも、本人のやる気次第ではありますが、できたらどれでもいいから、全くそう！が3つはほしいですね。その突出が今後のパワーになります。

この7か条を見て、こんな質問を学生たちからされます。

Q「自分は理科系で証明問題を考えるのが好きですが、コピーライターのクリエイティブ系の頭の使い方と違うのではないでしょうか。」

A「なぜ（WHY）をまずスタートラインにして、掘り下げて考えてゆくのは同一だから、大丈夫。そもそも、社会に出たら、文科系だ理科系だはもう関係ないんだよ。」

Q「人と違うことをして自分を表現したいと思うのですが、なかなか性格的にできません。鍛えようではそうなれますか。」

A「なれますよ。若いとき、引っ込み思案タイプだったコピーライターが経験を積んで、静かだけれど信頼感絶大なコピーライターになることは非常によくあります。」

Q「自分は会社に入る限りは、出世したいと思います。社会のために働くのは建前としてはわかりますが。どうなんでしょうか。」

A「言っていることはわかります。ただ、コピーライターのマインドの支えになるのは、社会やそこに生きる人々に言葉を伝えているというシアワセです。それを抜きにして仕事での自己実現はありえません。」

Q「小さいときから、チーム作業が苦手です。コピーライターがいいかなと思ったのは、個人でできる職業かな、と考えたからです。実際のところどうなんでしょうか。」

A「なるほど。チーム作業がホントは苦手そうな人がコピーライターをやっているケースはそこそこあります。でも、雑誌の1ページのコピーを書くこともやり甲斐ですが、いろんなメディアを使って世の中に仕掛けるような仕事はもっと大きなやり甲斐がありますよ。そのとき、もはやチームが運動体です。そこでの個人と個人の掛け算は本当に面白いものです。そう、個人は個人としてあって、その掛け算のハーモニーがあるわけです。クリエイティブワークにおいては個人を尊重せずして、仕事は進みませんから安心してください。」

Q「私も人が好きです。人が好きだと何がコピーライターにとっていいのでしょうか。」

A「簡単に言えば、あなたが嫌いな人も広告のターゲットになりうるということです。人はひとりひとりが欲望（ニーズやインサイト）を持ってそれをかなえるために毎日を必死に生きている存在です。その欲望をポジティブにとらえるのが、広告クリエイティブであり、コピーライターです。一緒に働くスタッフのなかに性格上、肌に合わない人がいるかもしれません。でも、仕事をうまく進めたいという欲望さえあれば前向きに付き合えます。人にポジティブになると、人の内面が見えてくるという利点もあります。人が嫌いなクリエイターは、実はインサイトを見つけるのが苦手です。」

7か条以外に、もうひとつ付け加えるとしたら、言葉を書くのが得意じゃなくても苦にはならない、でしょうか。昔、コピーを書かせると頭が痛くなる、と言っていた若者がいて、さすがに営業職になりました。

ちなみに、広告会社では、営業職からクリエイティブ職に社内転職する人がちょくちょくいます。営業職から来た人を幾度か部下にしたこともありますが、振り返るとみんなこの7か条適合者でしたね。営業時代には、一条、二条、三条あたりになんとなく不満を感じていた人が多かったようです。

現在、営業職の人間でも、コピーライターに転職することで、自己実現を図れるチャンスがあります。向いている人は、ぜひ、この本をチャレンジへのきっかけにしてほしいと思います。

その2 コピーライターはこんな会社で働いています。

あなたが目指すコピーライター。やることの基本は変わらないのですが、会社により働く環境はかなり違います。その違いを念頭に、就職・転職の選択肢を考えてゆきましょう。コピーライターが働いている会社の種類を挙げてみました。

①広告会社（エージェンシー）

電通、博報堂、ＡＤＫに代表される広告会社は、大人数のクリエイティブスタッフを抱えています。コピーライターの数も多いのが特徴。営業、メディア、マーケティングと多種多様な職種が絡み合いながら、高度なソリューション・ビジネスを行っているので、スキルを磨きやすく、成長は早めです。さまざまなジャンルの商品、得意先を担当できることも、成長を早める要因といえます。ただし、新卒でコピーライター採用をおこなっているところは、ほとんどありません。入社直後（会社により1年後などもあり）に、選抜試験があって、適性がコピーライターに向いている人間だけが、コピーライターになれるシステムを採用しています。その選抜試験のレベルは、かなり高く、単にコピーが上手なだけではなく、アイデア力を求められます。また論理的思考力を合わせて求められるケースもあります。

多くの広告会社では、他職種からコピーライターへの社内転職もできます。入社何年か経過してからです。こちらも試験がありますが、もう現場を知っているので、対策が立てやすいとも言えます。

②制作会社（プロダクション）

クリエイティブに特化している会社です。広告会社、もしくは直接クライアントから、広告制作の依頼を受けます。多くの場合、デザイナーとコピーライターがいて、グラフィック広告をメインに制作しています。東北新社のような映像系の制作会社でも、今はグラフィックチームがある場合があります。詳しくはウェブで調べてみてください。

実は、制作会社と一言で言っても、規模もふくめ、さまざまな種類があります。労働条件の厳しい会社もあるので、注意がいります。そのなかで、質の高い制作物を世に出しているところは、非常に、コピーライター採用は狭き門。入社時に、きらっと光るセンスが必要です。

ただ、広告会社のように、コピーライターを目標に入ったのにそれ以外の職種に行かされることはあまりありません。比較的入りやすい、小規模の制作会社に入り、キャリアを積み、やがては規模の大きな制作会社、広告会社に転職する方もいます。事実、そういう道筋で成功している人も数多くいます。

③広告会社系列の制作会社

たとえば、電通でいえば、電通テック、電通クリエーティブフォース、博報堂でいえば、博報堂プロダクツ、などなど。大手広告会社は、グループとして多様な制作会社を抱えています。そこにもコピーライターの活躍の場があります。人数もかなりいます。これらの会社では、常に親会社からの仕事が入るので、仕事に不足することはありません。優秀なクリエイターをエッジにして国内海外の賞の常連になっている会社もあります。入社前もしくは入社後に、適性試験がありま す。

問題点は、構造上、下請け的な仕事が発生するケースがあり、なかなか自主的な発想や表現が出しにくい場合もあります。親会社のCDなどから、スキルを学べる機会が多く、やりようによっては成長が見込めます。

もうひとつ。親会社への出向や研修があったり、関連会社ならではの人事制度があるので、チェックしてみてください。

④メーカーの宣伝部・制作会社

飲料、コスメティック、トイレタリーなどのジャンルでは、メーカー自らが制作機能を持っているところがあります。ここでもコピーライター採用はおこなわれています（適性試験があります）。資生堂宣伝部、サントリー宣伝部など、高名なクリエイターを輩出している名門も少なくありません。給料、労働環境、仕事の質などが、比較的良いところが多いと言えます。しかし、採用人数は、少なく、狭き門であることに変わりありません。

注意点は、制作するのがすべて自社製品・サービスなので、仕事にバラエティがなくなる場合があること。メーカーの一部ですので売り上げ責任をより明確に意識せざるをえない状況も生まれます。

また、系列会社というカタチで、外部に制作会社を持っているケースもあります。たとえば、サントリー系列のサン・アドがそうです。ふつうの制作会社と同様に他業種のクライアントの広告も手がけています。

⑤個人の制作事務所

いわゆるフリーのデザイナー、コピーライターの事務所（会社）で、コピーライターを新卒採用している場合もあります。もちろん、若干名で、狭き門ですが、全くコピーを書いたことがない経験ゼロでも、ユニークなセンスや個性を持っていると、採用！となるケースもあります。始めはアシスタント的仕事からスタートし、やがて、チラシのボディコピー、と少しずつ責任を持たせられ、スキルをあげてゆく人もいます。この個人事務所も、実に多様で規模も形態もまちまちです。著名なクリエイターの事務所には大きなクライアントから発注があることもよくあります。広告会社からの発注もあります。

事務所の代表者であるクリエイターとの相性次第で仕事の量や質が左右される場合があります。社員数が少ないので人間関係にはケアが必要です。ただ、スキルを磨きやすい環境でもあります。ここでの仕事で腕を上げ、個人として独立するコピーライターも多くいます。

その他、いきなりフリーのコピーライターとして始める方法もあります。しかし、経験ゼロで先生もいない状態ではなかなかスキルアップは難しいでしょう。学生時代から、ライターもしくはコピーライターとして、広告の仕事をバイトでしていた人は「あり」、かもしれません。

本筋としては、会社に入り、経験知を増やし、技術を教わり、ライバルと切瑳琢磨してゆくのがいいでしょう。適性試験があることが多いので、狭き門ではありますが、多種多様の会社があり、転職者の受け入れもありますので、チャンスがある職種だと思います。

その3

転職時こそ、コピーライターを目指すのが面白い。

コピーライターには、いろんな活躍の場があります。実はとても幅広い職業なのです。

転職でキャリアアップを目指したり、子育てとクリエイターを両立させたり、在宅で仕事をしていったり、労働環境が自由にフレキシブルになりつつある現在に、非常に適した「これから職」であると思います。

その幅の広さを紹介してゆきましょう。始めは業種特化型のコピーライターです。

・医薬品や健康商品に特化した医療ライター。
・金融ジャンルに特化した金融ライター。
・法律用語や判例などに詳しい法律ライター。

・健康・美容に詳しい女性がやっている美容ライター。
医療・健康・美容のジャンルには、表現を規制する薬事法があり、この法律を知らないと残念ながら、コピーは一切書けません。金融や法務系にも規則があり詳しいコピーライティングは知らないと書けません。
こういった専門分野でコピーライターをやるのも選択肢としてあります。私が広告会社で金融商品のコピーライターをやっていたとき、金融ライターの方とコラボしながら仕事をしましたが、さすがプロだな、という知識や勘所があり、感嘆したことがあります。

次に、メディア特化型です。
・ウェブライターです。当然、最近増えています。キャンペーンサイトの見出し文句を考えたり、ニュースサイトの記事を考えたり、とジャンル分けも進んできています。広告のキャッチフレーズを書く人もいます。
学生のときからやっている人も多くいます。ウェブ系企業のコンテンツやサービスは知識がないとピントはずれのコピーになりますし、日進月歩のテクノロジーワードも理解しておかないといけません。問題点は、アルバイト仕事ランクの報酬しかもらえないケースがあることです。

次に、ワークスタイル特化型です。

・子育てしながら書く、フリーのコピーライター。

そういうニーズが今出てきています。会社でのデスクワークからビジネスが解放されつつあり（デジタル機器の進化が後押ししています）、働き方の多様性が広がっています。男性型社会からシフトして、出産を始めとした女性ワーカーへの理解が少しずつ広がってきてもいます。在宅勤務で仕事をする女性も確実に増えてゆくでしょう。

そのとき、コピーライターやライターの仕事はパソコンとネット環境さえあればできるので、大変適しています。出産を期に退職したようなケースで、子育てがやや慣れて落ち着いた頃、コピーライターをやってみたい、というママさんもいます。ぜひ、トライする価値はあると思います。

問題は、前職でライティングの経験が全くない人はなかなか厳しいということです。アルバイト程度でいいと考えていても仕事がいくつか入り、かなり大変な思いをしたのに、うーん、このギャラだと続けていけるかしら、という疑問が出てくる、そんなケースもあります。

経験さえ積めば、ギャラも納得レベルにでき、仕事としての面白さも上がり、人生が楽しいものになります。

宣伝会議のコピーライター養成講座などのスクールを受講したり、コピーの課題に積極的に応募したり（この本のツボ伝ツイートとか）すれば確実にスキルはアップします。そのヒマがあるのか、授業料はどうするのか。などなど、ここらへんは考え方次第ですね。

在宅勤務で女性コピーライターや女性ライターを公募している会社もありますので、さまざまに情報のアンテナを張りつつ、検討してみるといいでしょう。いずれにしても、キャリアを豊かにするチャンスあり、だと思います。

この本を読んで興味を抱いたママさんはぜひ、コピーライターに挑戦してほしいと個人的には思います。

その4

適性試験で、相手は何を見ているか、をアドバイスします。

今までお話してきたように、コピーライターの適性試験は入社前、入社後にかかわらず、あります。わー、そこが超難関だぁ。ワタシ自信ないなぁ。などと言わず、チャレンジしてみましょう。チャレンジのないところに、サクセスはありませんよ。社会とはそういうものです。

その代わり、学生時代にはない大きな達成感があります。そもそも、入社試験は100%あるのですから、その延長（あるいは、おまけ）の試験だと思えば、全く臆することはありません。

しかし、ツボは確実にあります。そのツボを私の採用採点経験から、かみくだいてアドバイスをします。

まず基本は、3章で述べた、5つのステップを必ずしてください（必ず、ですよ)。半年くらいかけてじっくりと。手を抜いてはいけません。仕事や家事がある人は、時間を見つけてコツコツとやってください。

以下は、ステップ5をやったことを前提に話をしてゆきますので、よろしくお願いします。

コピーライター適性試験は、各採用企業でいろいろな試みをしています。一様ではありませんが、必ずコピーを書く課題はあります。その課題にどう準備してゆくか、が以下のテーマです。

課題には、いくつかのパターンがあります。基本は、①ソリューション系②お題系③作文系です。①と②と③のぜんぶを問題として出す場合と、どれかの場合、さらには、その会社ならではの課題(最近はユニークなものもあるようです)もプラスして出す場合などが、あります。

では、ソリューション系と、お題系とは何か。たとえば、①方向で言えば、「若者が新聞をもっと読むような企画を考えてください。コピーも考えてください」。自分が講義するセミナーでよく出すのは「銭湯にもっと人が来るようなアイデアとコピーを考えてください」。とかです。

②方向は、「単行本についてコピーを書いてください」。「東京タワーについてコピーを書いてください」。とかです。

どこが違うの？と思いましたか。でも、実際、課題をやってみると大きく違うことがわかります。

若者の新聞離れは社会問題です。もっと読む、ようにするには、社会の構造を理解しないといけません。課題の解決（ソリューション）には、分析力が前提になり、変数が多いなかでの企画立案力が必要になります。

一方、②は、個人的な視点で乗り切ることができます。落語家が出る番組の「○○と、かけて、何ととく」に近いですね。これはこれで、面白い、鋭い、変わった、といったその人ならではの思考がパッとわかり、能力の質が現れやすいものです。

①の試験は、その場で書いてもらうケースもありますが、1週間とか時間をあげてやってもらうこともあります。そのほうが多いかもしれません。ですから、ネット検索あり、友達に相談するのもあり、画像を使って企画表現するのもあり、

です。②は、その場でが、多いのではないでしょうか。コピーを書いた経験がない人は、やはり戸惑いが大きいので、ステップ5で書く訓練を確実にしておきましょう。

次に、試験を出した側は、あなたの何を見ているか、をお話しします。個人によって違いますが、私の場合は以下の4点を中心に見ていました。

一、発見力
二、ユニークネス
三、読解力
四、執念

それぞれ簡単に説明をしてゆきます。

その前に、押さえておいてほしいのが、この試験には正解がないことです。たとえば、北海道についてコピーを書きなさい、という問題が出たとします。

あなたは、〈北海道は、自然が豊かです。〉と書きました。コピーとしてはかなりつまらないとは思いますが、これが間違いだとは言えません。事実として正しいからです。仮に〈でっかいどお。北海道〉と書いた人がいるとします（眞木準さんのコピーですが）。圧倒的にいい評価をもらえると思いますが、採点官によっては、だじゃれ大嫌い派がいるかもしれません。

そう、好き嫌いで決まる面もあるのです。その会社の社風によっても評価はかなり揺れます。みなさんの頭は、試験というと、すぐに正解を出そうモードに変わります。正しいことを効率よくアウトプットする。その習慣はこの試験ではキレイに捨ててください。

では、どういうスタンスでやるか。私がアドバイスしたいのは、「ちょっと楽しんで書け」です。丸谷才一さんの「文章読本」のなかに「ちょっと気取って書け」という有名なコツ伝授がありますが、それにヒントを得て、「ちょっと楽しんで書け（考えろ）」がいいかな、と思います。見ていただく採点官を楽しませてやるぞ！くらいの気合いマインドで、ちょうどいいのです。

さて。発見力。

これについては、この本で何度も言ってきたことですね。私はこの力の比重をとても重くしていました。とにかく、発見してください！のひとことです。類語的標語を並べておきます。「意表をつこう」「なるほど！と思わせよう」「そう来たか！と思わせよう」「ノーアイデア、ノーライフ」「プチな思いつきも恥ずかしがらずにカタチにしよう」。試験の前には、ここらへんの標語を念じてくださいね。

二のユニークネスです。

これは、「その人らしさ」と言い換えられます。大学などで若い人にコピーの課題をやってもらうと、面白いなぁ、と気付かされることがあります。それは、上手な人ほどその人らしさが出ているという事実です。

「個性的」とは同じようで少し違います。個性的であろうとするとどうしてもとがる方向、主張する方向にいきますが、「その人らしさ」は地下の水脈のようにじわっと湧き出てくるもので、自然派の個性です。

今は、著名なコピーライターになりましたが、ある女性がまだ駆け出しの頃、お仕事をしたことがあります。コピーを書いてもらうと、スパッと短めで骨太のものがあまりありません。うーん、とＣＤの私は思いましたが、ある日、ふと彼女のコピーを選ぶときに、長めな言葉のなかに人や商品を誠実に丁寧に、見つめようとする、彼女の「らしさ」があることに気がつきました、今さらのようにでしたが。それはあまりにも静かな現れ方だったので見逃していたのです。経験を積むなかで、彼女はその「らしさ」をどんどんと伸ばして、すてきな仕事を世のなかに出すようになりました。

正解のない広告クリエイティブの世界では、この「らしさ」が他者を納得させる力になることがよくあります。

言葉はあなたを映す鏡です。あなたが魅力的であれば、言葉を磨くことを鍛錬しさえすれば、コピーは必然的に魅力的なものになるでしょう。ですから、まず自分らしさを見つめて、そのらしさに基づいて自分の魅力を発揮できるようにすること。若いときには、とても大事なことになります。それは、すべての就職・転職時に最大の武器になることなのです。

三は、読解力です。この読解力は、単に問題を読み解く力ではなく、社会や生活者が感じていることを読み解くということまで広げて、私は考えています。

ソリューション系の課題では、特に大切なポイントです。企画は派手で面白いのですが、時々、それで本当に解決できるのかな、と疑問が湧くこともあります。その場合、ほとんど社会や市場や生活者インサイトを無視して、暴走気味なアイデアが多いものです。暴走か、快走か、は本当に微妙で悩むのですが、読解力の裏付けがちゃんとあれば、「ああ、この人は理解して、アイデアやコピーを考えているな」と腑に落ちて、評価が高くなります。ただし、理屈っぽいこととは違うので、気をつけてください。

聞く力の大切さもお話ししましたが、この読解力があれば、発見力も身に付きます。「よく聞き、よく見る」。この基本をお互いに忘れないようにしましょう。広告クリエイティブだけでなく、すべての価値創造ビジネスに必要な習慣です。

四は、執念。

実はとても重要です。課題を考えるときに、企画を1案でなくて何案も考えている人、10本のコピーでなくて30本書いている人、まあ、単純にいうと量なのですが、その人のほうがクリエイターに向いています。絶対に、コピーライターになりたい！という意思が伝わってくるからです。

課題の答えを書く用紙にびっしりとアイデアが書き込まれていたりすると、読みにくいマイナスもありますが、「なりたい執念」が出ているプラスもあります。その会社の評価基準もありますから、一概に言えませんが、一塁にヘッドスライディングするランナーには、やはり拍手を送りたくなります。

コピーライターの現業でも、意外と執念がものを言います。表現の世界ではいいアイデアは神様から降りてくるものでなく、神様のところまで取りにいくもの、な感じがあります。考え出すエネルギーの量は、やがて素晴らしいアウトプットの質に転換されてゆきます。

「**量は、やがて質になる**」
（誰が言ったというより、広告クリエイティブでは不文律の名言です）

その5

長めの文章が書けるともっと相手を動かせます。

コピーライターには、文章力はあまりいらないと言いましたが、文章力がものを言うケースもあります。それを紹介しつつ、「伝わる」を飛び越えて「動かす」効果を持つための、文章の技術をアドバイスします。ぜひ、就職時や、日常のビジネスに役立ててほしいと思います。

ステートメントというジャンルがあります。直訳は「声明」、意訳は「私たちの考えていることをお伝えします」になります。主体者は、企業や団体がほとんどです。

「考えていること」が大事なところで、たとえば、スーパーが野菜を10％値下げするときに、安くしました、お得です、来てください、と書き連ねるだけではステートメントにはなりません。「なぜ、10％値下げしたかの考え」を説明することで、ステートメントになります。

「私たちは、野菜を産地から直接届くように流通システムの見直しをすすめてまいりました。その結果、新鮮な野菜が数多く店頭に並べられるようになりました。そして、うれしいことに、ちょっとだけお安く、みなさまに提供できるようにもなりました」という具合に。

ここには、なぜ、安くなったかの理由があります。お客さまのために改革を押しすすめよう、という考えが中心にあることがわかります。

ちょっと難しい話になりますが、企業（商品の場合もあります）ブランディングにとって、この「考え」「理念」こそが軸になります。そして、企業体は、その軸を中心に廻り、運動体になってゆきます。

マーケティング視点をどう活かしてゆくか、というテーマでもあり、そのテーマで一冊の本が書けます。安い！だけでは、ダメ。なぜ安いか、の考えがないとダメ。そんな社会になってきていることだけ覚えておいてください。

さて。話を戻しましょう。相手を納得させる文章の書き方ですね。

まず、スタンスとしての面から。

①この文章の核になる「伝えたい考え」は何なのか？

そんなに難しくはありません。徹底的に「感謝する」のか、「覚えてもらう」のか、「誤解を解く」のか、「問題を整理する」のか、「事態を変える」なのか、などなど、ま、いろいろあると思いますが、その意思（コンセプト）を明確にすればいいだけです。

そんなことわかっていると言う方がいるかもしれませんが、学生のみなさんの志望動機を読んでいると、長々と自分が大学時代にやってきた自慢話が羅列されているものの、いちばん大事な「この会社に入りたい！」という意思が伝わってこない文章が数多くあります。ですから、読後の印象は、「ああ、自分の自慢話をしたかったのね、この人は」になってしまいます。学生時代の経験は素材であって、その素材をどう使って、「入りたい！」、もしくは、「私を入れなかったら損！」くらいの納得度の高い文章に調理してゆけるかが大事です。

②この文章は、誰に向かってつくるのか？

就職のときは、ほぼ相手の会社、その採用担当の方になりますので、わかりやすいですね。日頃のビジネスでの書き物はやや複雑になります。部の違い、位の違いなどで、伝えたいことを微妙に変える必要も生まれてきます。誰に向けての、「誰」は常に強く意識しておきたいものです。就職のときは、難しくないと言いましたが、3つほど留意してほしいことがあります。

まずは、採用の方は非常に数多くの就職希望者の文章を読みますので、誤字脱字、極端に見づらい文字、乱暴な言葉使いなど、真摯さが欠けるものは、やはりどうしてもいい印象を持たれません。

ふたつめは、大学生ネタ、たとえばサークルがどうのこうのとか、授業の単位がどうのこうのとかが書き連ねてあると閉口します。学生に人気のあるスポーツのルールを知らないとわからないような論旨も同様です。

さらに、もうひとつ。ジェンダーの問題があります。男性の文章中に、女性が読むと受け入れにくい表現があることがあります。会社によっては、女性の採用担当者が多いケースもあるでしょう。日頃から、ちゃんとした意識を持って生活することが必要です。

次は、技術について、です。この技術、時間を限られて出される作文系では、有用なものです。私の現場経験から導き出されたものですので、実践派アドバイスだと考えてください。これだけ押さえればいい！の5か条に絞りました。

①初めと終わり良ければ、すべて良し。

書き出しの一文、とそれをふくむ初めのブロック。終わりの一文と、それをふくむ締めのブロック。ここに注力してください。意表をつくこと、読んでいる人の気持ちをキャッチすること。演劇や映画と全くいっしょで、初まり方、終わり方がいけてないと、全体の物語が良くても、観客の点数はかなり下がってしまいます。実は、この初まりと終わりの一文は、かなりキャッチフレーズ的センスが必要です。コピーライティングの勉強をした人は、必然的に有利になります。

②困ったら、行を替えろ。段落を替えろ。

書きすすんで、起承転結の「承」や「転」に入ると、いろいろ書きたいことが交錯したり、時間が思いの他かかり焦ったり、話の流れが整理されているか不安になったり、と困ることがあります。そういうときは、行を替えたり、段落を替えたりして、もう一回、落ち着くことが有効です。

読む側も、きちんと行替えがしてあったり、話の大きな展開のとき、段落替えが行われていると、頭の整理ができます。替えてなくて、ダラダラと書き連ねてある文章は、視覚的にも論理的な感じがしないものです。

③リズムが悪いと、見る人が乗れない。

文体は、です・ます、なのか、である、なのか。初めから最後まで統一することが肝要です。意図的に、です・ます、と、である、を混在させるテクニックもありますが、かなりの高度なテクニックです。

たとえば、です・ますで統一したときに、文末が全部、です・ます、だとリズムが悪くなることにも注意してください。体言止めを使う、疑問文を使う、話し言葉や会話文を入れる、とか、変化をつけると、リズムが生まれて、読む側がストーリーに入りやすくなります。

④結論から考える、逆算のすすめ。

志望動機と違い、課題作文は論理的な思考力、推論能力が評価のポイントになります。そのためか、論理を意識しすぎてしまい、お固い文章になり、結論が定型になりがちです。結果、発想力の評価に疑問符がつくわけです。いちばん大事なのは結論の鮮やかさ、面白さです。読後感として、腑に落ちるのはそこです。

論理はなんのための論理か。それは結論を導くための論理です。100分の持ち時間なら、20分は結論をどうするかを決める（おぼろげにでもかまいません）ことに費やして、そのゴールに向かって話をすすめてゆけばいいのです。私にも経験がありますが、ゴールを定めないまま書くと、途中で迷走を始め、意味がよくわからない全体ができあがります。

⑤論文ではなく、お手紙だと思え。

論文と言うと、ついつい力が入ってしまいますね。傾向として、理屈っぽくなってしまいがちです。しかし、論文もコミュニケーションが大事なことを忘れないでください。自分の独りよがりの主張は、相手には届きません。柔らかい主張、話し言葉っぽい文章でもかまいません。要は、よく伝わり、腑に落ちればいいのです。その意味で、お手紙を書く意識で書くと、うまくいくことが多くなります。一種の意識改革ですが、ぜひ試してみてください。

最後に、最近の私の仕事から。コーヒーチェーンの「カフェ・ド・クリエ」の20周年ステートメントです。

簡単に説明しますと、開業から20年、お客さまに愛されつつ、店舗を増やしてきました。フランチャイズ制ですが、直営店も持っています。マニュアルライクではないサービスが特徴的で、そのお店が独自のサービスを展開します。全国全顧客に均一のサービスをするのでなく、その地域にあった、その店舗の顧客にあった、サービスを徹底的に考えて実施してゆきます。それゆえに、キーメッセージとして、「あなたのマイカフェになる」を考えて、掲げました。

実は、このステートメント、商品トレイの下敷きの紙に印刷しました。おいしいコーヒーやスイーツを食べるときに、ふと目に入るように意図しました。お客さまといちばん近い距離のコミュニケーションを考えたわけです。

学生のみなさんにセミナーをやった際、ステートメントの例として、このカフェ・ド・クリエを取り上げました。終わったあと、ひとりの女子学生が来て、お店でコーヒーを飲んでいるとき、このステートメントを読んで、すごくカフェ・ド・クリエに好感が持てました！とのこと。

コピーライターで良かったと思うのは、そんな生活者のうれしい！を聞いたときにあります。ああ、心を動かしてくれたんだなぁ、という感触。そして、その結果、担当している企業のファンが増えてゆくことも、すごくうれしい。

ま、そういうわけで、参考になればいいと思って掲載させていただきました。今、お話してきた、2つのスタンス、5つの技術が、活かされていることを確認していただければと思います。

20年目の感謝と決意。
あなたのマイカフェになる。

くつろいでいただけてますか。
今日のカフェ・ド・クリエはいかがですか。

ヨーロッパのカフェ文化に日本らしさをとけ込ませながら、
新しいカフェ文化をつくってゆこう。
そんな思いで、1994年、カフェ・ド・クリエは誕生しました。
それから20年、今は日本全国185店舗までになりました。
多くのお客様に愛され、歩んでこられました。
本当にありがとうございました。

カフェ・ド・クリエだけが提供できるもの。それは何なのか。
店舗の空間、座席のスペース、コーヒーの吟味、新メニューの提案、
お客様への対応などなど、かかわる全スタッフが日々、模索し続けています。
カフェ・ド・クリエに来ると、落ちつく、ワタシに戻れるという人。
打ち合わせや資料づくりがうまくいくという人。
おいしいコーヒーとスイーツだけがお目当てという人。
壁にかかっている一枚の絵に会いにくるという人。
街に暮らす人の心をほんのちょっとだけ「幸せ」にする素敵な何かが、
いっぱいある。
マニュアル・ライクではなく、
お客様ひとりひとりの「好き」に応えてゆけるように発想し、行動してゆく。
「ワタシのこと、わかってくれている!」。
そんなマイカフェ感を持っていただけることが、
ひとつのゴールだと考えています。

創業20年。人間で言えば、やっと大人の仲間入りを果たしたばかりです。
私たちは、コーヒー文化を通して人を幸せにするという使命をもう一度、
胸にし、さらなる歩みをしてゆきます。
お気づきの点などありましたら、どうかご意見をください。
今後とも、よろしくおねがいいたします。
あなたのマイカフェになる。カフェ・ド・クリエから。

2014年10月現在

まとめてPoint

4章

1

コピーライターに向いているか、どうかの7か条。
一、人と同じことはしたくない。
二、とことん考えるのが好き。
三、会社より社会のために働きたい。
四、人間の直感力を信じられる。
五、チームで現状を突破したい。
六、困難に会うとなぜか燃える。
七、かなり人が好き。

2

コピーライターが働いている**会社の形態、仕事環境は多種多様**。
大きく分けると、①広告会社（エージェンシー）
②制作会社（プロダクション）　③広告会社系列の制作会社
④メーカーの宣伝部・制作会社　⑤個人の制作事務所

3

就職時だけでなく、**転職時にも、チャンス**がある。
専門分野でのコピーライティング、ウェブライター、
そしてママさんコピーライターなど、門戸は広くなっている。

4

宣伝会議のコピーライター**養成講座**などのスクール、
一般公募の広告賞への挑戦もコピー力を伸ばす。要チェック。

5

いずれにしても、**適性試験がある**ことが多い。コピーを書く訓練は積んでおくべき。第3章の5つのステップは必ずやってほしい。

6

適性試験を突破するためのツボ。
各会社で、さまざまな試験の種類がある。
ただし、**コピーを書かせる試験は必ず出る。**

7

その人に適性があるかどうかは、ここを見ていました。
一、**発見力**　二、**ユニークネス**
三、**読解力**　四、**執念**。

8

長めの文章を書く黒澤流ツボも伝授。
中心にある「伝えたい考え」は何か。誰に向かって書くのか。

9

技術的には、5つのキーを押さえればいける。
①初めと終わり良ければ、すべて、良し。
②困ったら、行を替えろ。段落を替えろ。
③リズムが悪いと、見る人が乗れない。
④結論から考える、逆算のすすめ。
⑤論文ではなく、お手紙だと思え。

あの人にコピーライター道を聞いてみた。

佐藤朝子さん

株式会社電通
関西支社
マーケティング・クリエーティブ・センター
コピーライター／プランナー

電通関西支社のソリューションチーム、「おかんカンパニー」で、ママさんコピーライター・プランナーとして活躍中の、佐藤朝子さん。入社13年、苦労あり、奮闘ありの道を歩んできたそうです。本人いわく、「くすぶり層」。クリエイターとして、2児のおかんとして、ポジティブな生き方をしている、その思いをお聞きしました。

さとうあさこ　大阪生まれ。2002年に電通入社。以来13年間クリエーティブに所属し、CMプランナー／コピーライターを続ける。出産を機に、ママクリエーターを中心としたソリューションチーム「おかんカンパニー」を設立。主な仕事に、「病児保育」（NPO法人ノーベル）、「エコ出願」（近畿大学）など。

Interview

――コピーライターになったきっかけと、なれた経緯を教えてください。

そもそも、電通を知らなかったんです。コピーライターになろうとも思ってなかった。3回生の10月に就活で、マスコミの話を聞いて、広告会社に興味を持ちました。音楽や本やそういうカルチャー系はすごく好きでしたが、自分でオリジナルのものを創ったことがない人でした。

志望は営業です。すごくラッキーにも電通に拾われて、関西支社勤務。1年目にクリエイティブ配属試験がありました。一生懸命やりましたが、営業志望かつクリエイティブ（CR）に行けるなんて思ってなかったから、配属が決まったときはびっくりしました。どうしてクリエイターに選ばれたかは謎ですけど、今振り返ると見い出してもらったんでしょうね。

あと、生まれも育ちも大阪なんで、自然とオチをつけて、面白く表現する努力を子どもの頃からしていた気はしますね。大阪人は、広告クリエイターに向いている気がします。

配属が決まったときは、うれしかった！　新人の半分くらいはCR志望者で、そのなかから選ばれたのは少数でしたから。入社した1年で感じたのは、ああ、あのフロアーは空気が違うということ。そこで自分が仕事できるなんて。シアワセそのものでした。ま、つかの間のシアワセだったんですけど（笑）。

正直に言うと、小さいときから、自分の思ったことを世の中に出せたらいいなぁ、という気持ちはあったんです、たぶん。でも、自分の能力では無理だな、なれるわけないな、と自己否定してきたような気もします。なれなかったときの保険だったかもしれません。そんな女子は多いですよね、きっと。でも、もっと素直であってもいいと思うんです。チャレンジはいつも全然、損にはならないですから。

――コピーライターになってからの、楽しかったこと、辛かったことをお聞かせください。

最初の3年間くらいは、きつかったです。いちばんは、打ち合せで案を出すんですけど、スルーされるとき。必死になって考えて、これはいいかも！と思うような案でも、何にも言われないで、他の人の案がほめられる。人には承認欲求というのがあるじゃないですか。それが一度も満たされないんです。ああ、自分はこの仕事に向いてないんだ、と何度も思いました。もっともやもやしたのが、向いてるか向いていないかさえ、自分ではわからないことでした。広告は他人評価だし、自分は本当はコピーライターなんか目指してなかったし、とも思い、どうしたらいいの？状態でした。

そんなトンネルのなかで、人には恵まれましたね。その頃、田中義一さんというCDがいて、成長させてもらいました。クリエイティブの技術を教えてもらうんじゃなくて、夢を教えてもらいました。この仕事は楽しいんだよ、という大事な原点を教わりました。背中で教えてもらう、あれでしたね。今でも感謝しています。

そして3年目に、ラジオCMでACCの賞をもらいました。クリエイターでやっていけるかどうか毎日心が折れそうでしたけど、これで少し持ちました。先輩から、大丈夫やってゆけるよ、と言われたときは、ホントにうれしかったなぁ。

それから、仕事のサイズも大きくなって、クライアントとも中心選手として向き合うようになりました。当事者意識も芽生えてきました。他の人のプランもちゃんと客観的に見られるようになりましたね。自分でやりきることを覚えて少し成長しているな、と感じ始めました。そこから、仕事がどんどん楽しくなっていったんです。

この職業は、好きじゃないとできないです。深夜、企画書を書いていても、時間を忘れてトランス状態になっているときがあります。我を忘れられる仕事って、ステキじゃないですか。芸術家でもなくてサラリーマンなのに、まわりから評価される。あれ、よかったね！とか言ってもらえる。これって、素晴らしいことだといつも思うんです。もしかすると、能力じゃなくて好きだったらやってゆける職業かも。

第2子を出産したとき、半年でカムバックしましたけど、ふたりめで慣れたということより、仕事が好きだったからかもしれません（笑）。

――「おかんカンパニー」のお話をきかせてください。

いかにもな関西ネーミングですけど（笑）。ママさんクリエイターって、産休やら時短やら、即帰宅しなくちゃいけないやらで、会社に全力投球できません。仕方がないと思いつつも、すべての仕事が中途半端になる感じが実際はとても嫌なものです。

そんなマイナス思考でいたときに、「ママさんでいることをポジティブに仕事に活かしたらいいんですよ」と後輩の子からアドバイスされたんです。ああ、なるほどって思って、4年くらい前にいろいろ社内で動いて、立ち上げたんです。CRだけじゃなくて、マーケやプロモーションのママさんたちがコアメンバーになって、自主プレをやったり、コンテンツを考えたり、サイトを運営したり。ママさんならではのアイデアが欲しい会社から相談がきたりして、需要はかなりあります。
チームにすると、ママであることのプラスが強調されて明るく見えます。それがとてもいいことだと思っています。それぞれが、色々なクライアントを持ちつつやっていますので、妙な会社的意識を気にせずできるのも、自由でいいのかもしれません。

――もっともっと女性がコピーライターを目指してもいい社会だと思います。佐藤さんの経験からアドバイスをしていただけますか。

実は、私は第2子の出産をきっかけに一皮むけたんです。人間的にとか、ではなく仕事人としてです。TCCというコピーライターの団体があって、そこの新人賞はまさに登竜門で、賞をゲットするとやっと一人前、という雰囲気があるんです。さくさくと獲る人は入社2、3年目で受賞するんですけど、私は10年以上もダメ。
しかもですよ、準新人賞とか言って、いやー惜しかった、新人賞じゃないけどよくがんばった、来年がんばりましょ、な感じで名前が発表されるんです。もう、私の名前は毎年その次点ランクの常連でいつもあるんです。第2子がお腹にいた年も、落選で、ああ、もうどうしよう、とくすぶりが頂点に達していました。

一皮むけたのは、産休のときです。本を読みなさい、勉強が足らん、というお告げがあったんです（笑）。それで、コピーライターのスキル本を読んだり、ＴＣＣのコピー年鑑を、10冊くらい、えい！とアマゾンで購入して読みまくりました。そうすると、コピーの勘所のしっぽみたいなものをつかんだんです。そして、産休から出て来てやった仕事で、新人賞をゲットしました。なにを今さらですが、肩の荷も降りて気分が晴れました。

女性だから、人間関係とかややこしいこともありますし、仕方なく仕事から離れなきゃいけない事情もある。でも、要は考え方だと思うんです、仕事にマイナスな環境になっても、それをプラスに変える方法はあります。そんなポジティブさがあれば、女性がクリエイターの一線でやってゆくことに全く問題はありません。めちゃめちゃ大変な産休中でも、スキルアップできるんですから。

コピーライターは女性であることが活かせる仕事です。女として生きてきた体験、そこで感じたことが武器になるんです。男性では掘り当てられないことがいっぱいあります。今は、労働形態も男性中心にできていますが、変化の兆しはあります。どんどん女性がチャレンジをしてほしいな、と思います。

Asako Sato's works

佐藤朝子さんの作品

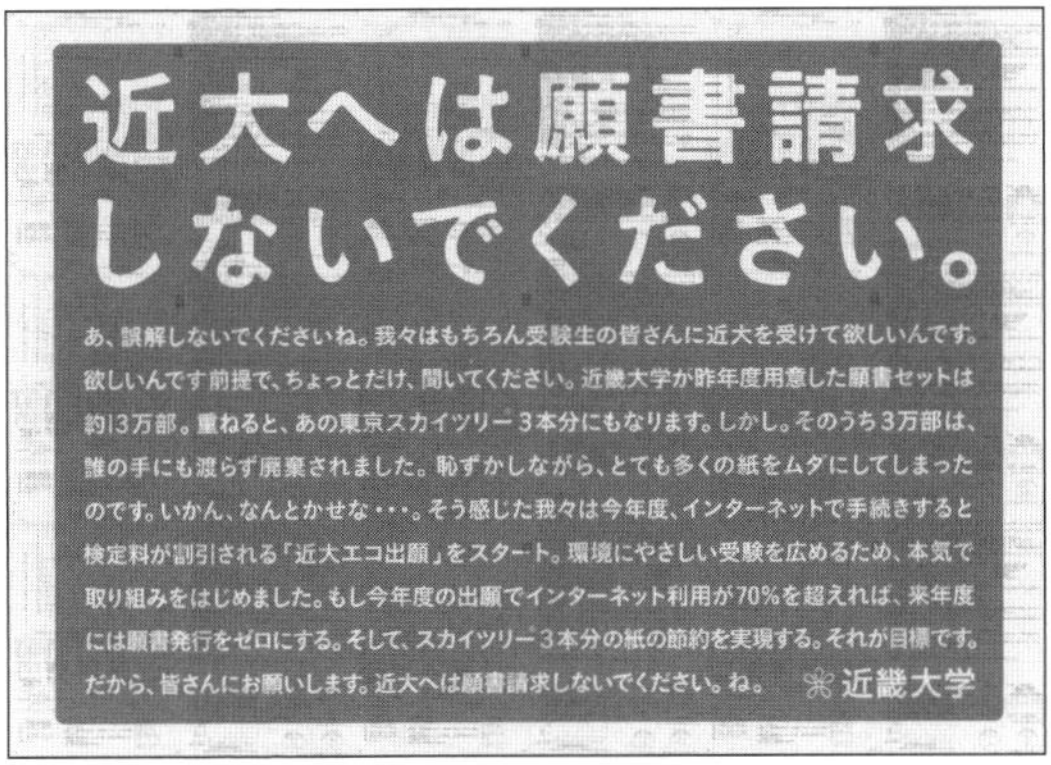

近畿大学
「エコ出願」
ポスター

紙の無駄を削減する出願完全ネット化を伝えるため、願書の余りを張り合わせた上にコピーを印刷、ポスターに。大きな話題となり、エコ出願開始からわずか2年で出願者数日本一になりました。

NPO 法人ノーベル 「病児保育」 ポスター

仕事と子どもの看病の間で揺れるママたちの心を少しでも軽くするため、明るいトーンで伝えることを意識しました。TCC新人賞受賞作品。

あの人にコピーライター道を聞いてみた。

野澤幸司さん

株式会社博報堂
統合プランニング局
コピーライター

博報堂で活躍中の野澤幸司さん。高い質の言葉と広告を世の中に発信している、今大注目のクリエイター。中途入社で、かつ前職では営業としてプロデューサー仕事をしていた、やや変種なキャリア。その分、いろいろ参考になるかもしれませんね。

のざわこうじ　パラドックスを経て09年博報堂入社。TCC審査委員長賞、新人賞、カンヌシルバー、Spikes Asia ゴールド/シルバー、ACCシルバー/ブロンズ、読売広告賞、毎日広告デザイン賞、日経広告賞、広告電通賞等。雑誌「広告」で"愛される天才"、ヴィレヴァン公式フリーペーパーで"22世紀のコトバ"連載中。

Interview

――コピーライターになろうと思ったきっかけは？

ラジオが大好きでした。大学時代、深夜に若者が投稿できるような番組があって、ちょいちょい投稿していたんです。ラジオ放送作家になろうかな、なんてぼんやり思ったりしていました。ま、そうは言っても文科系の学生にありがちなダラダラ生活をしていたんですけど、あっという間に3年。はて就職とかどうしようかと思っていたら、友達に広告業界志望のヤツがいて広告学校へ行くから一緒に行かないかと誘われたんです。CDやADやCMプランナーといった広告クリエイティブ全般の話があって、コピーライターの話もありました。その頃は、広告クリエイターもすごく元気がいい時代でしたし、これからはコピーライターがよさそう、とそのとき、思いました。ま、就職しなくちゃと考えていたら、そこにコピーライターがあったという感じで、たぶんラジオに投稿していた頃の自分の気持ちとつながっていたんでしょうね。

――コピーライターになるまでにどのようなトライをしましたか。

そう、僕の場合、ちょっと紆余曲折がありました。就職時には、マスコミと広告会社系で制作職があるところを軒並み挑戦したんですけど、今思い出すと20社くらいかな、ぜんぶ、だめだったんです。

それでも、ある広告会社さんが拾ってくれました。ただ正社員の制作職が制度上なかったんです。コピーライターになることはできないけれど、広告業界では働けるし、そこに新しいチャンスがあるかもしれないとは思いました。スタートは、ですから営業でした。わけも分からずやっていましたが、振り返るとすごく勉強になりましたね。

大きな転機は、宣伝会議さんのコピーライター講座を受講したことです。そこで、コピーを初めてちゃんと書きました。先生は梅本洋一さんでした。現職のコピーライターの方や宣伝部に勤めていらっしゃる方やいろんな方がいて、仕事が終わったあと講座の教室に出かけ、課題に取り組んでコピーを書くんです。わりといい成績で平均すると3番目くらいの評価だったかな。

そのころ、実務ではコピーを書く仕事はゼロでしたから、A4の紙の下の方に、勝手に自分で選んだ企業や商品のロゴを置いて、そのまんなかの白いスペースにキャッチフレーズを書いていました。あきらめずにやっていましたね。そのうち分厚い漫画雑誌と同じくらいの厚さになるまで書き続けていました。孤独でしたけど、そこらへんから本当にコピーライターになろう、という情熱が生まれてきたのかもしれません。コピー講座の最後の授業で、梅本さんが僕のことを「3位だけど、プロになって書くものを見たいのは野澤くんだ」と言ってくれました。「ホメ殺しの梅本」と言われてましたから、かなり誇張されていたかもしれませんが自信と勇気をもらいました。ホメ殺されてしまったわけです（笑）。

で、24歳のときに転職を決意して、パラドックスに入社しました。ここは、制作スタッフが営業的なところまで任されるというワークスタイルで、結果的には素晴らしい経験になりました。クライアントとの折衝から、制作への発注から予算管理から入稿・出稿まで、とにかくぜんぶやるんです。見積もりもずいぶん書きました。

そんな仕事環境でしたので、コピーも自分で書く仕事を自分でつくってゆきました。営業仕事が忙しくて、深夜の1時、2時から朝までコピーを書いていました。ま、そんななかから、東京コピーライターズクラブ（TCC）の新人賞をいただく広告ができたりしたわけです。

新人賞をとると、今度はクリエイター野澤への仕事の依頼も増え、コピーを書くチャンスが広がり、クリエイティブな仕事がだんだん増えていきました。実績がたまり、ポートフォリオらしきものをつくれるくらいになりました。

――博報堂への転職を考えたのはどういう理由ですか。

規模はそれほど大きくはないけれど、クライアントと向き合い、密にやりとりするなかで得たさまざまな経験。そして、そこから学んだコピーのつくり方。それをもっとたくさんの人に向けてやってみたい。そう思うようになったのが、今の会社に転職した理由です。

僕は、ひとつひとつ階段を上って、やっとコピーライターになりましたが、チャレンジは絶対に続けたかったんです。博報堂を目指したのもそんなチャレンジングな気持ちをずっと持ち続けたい、そんな強い思いがあったからかもしれません。

――コピーがうまくなるためのアドバイスを聞かせてください。

パラドックスでコピーを書き始めた頃、コピーライター養成講座に行っていたこともあり、センスやひらめきがあるほうだと思っていました。しかし、全く通用しなかったです。社内もクライアントにも、です。かなり落ち込みましたね、なぜなんだろう、って。

転機は新しく入って来たベビー用品の会社の仕事。その会社の開発者の方に話を聞くところからこの仕事が始まりました。その人はだいぶベテランで、もうベビー用品の技術から赤ちゃんの気持ちからすべてを知り尽くしていて、しかも、ポロポロとコピーっぽい発言をするんです。それがすごく気付きがあって感動的でした。そのとき思いました。自分の頭のなかで考えてることがいちばんじゃないんだ、その商品について徹底的に考えている人の頭のなかがいちばんなんだ、って。その頭のなかを十分知ることをしないといいコピーは書けない、というよりはコピーを書いてはいけない、と強く感じました。書く手前が大事だと気がついたのです。

メッセージする商品や企業の考え方、思いや悩み、それをぜんぶ知らないと広告にはならない。コミュニケーションはできないんです。ただ、それを言語化できないから、コピーライターが必要なだけだと。特に、営業をやっていた僕はクライアントとの接触時間が長かったので、この大切なポイントを把握できたし、強みにすることができて、本当にラッキーだったと考えています。

今、クライアントの社長と話す機会も増えてきています。そのとき、その企業や商品の考え方や思いを文章にまとめたステートメントを自分で書いてもってゆきます。別に頼まれてもいないのに、です（笑）。これが非常に気にいってもらえています。ビジネスが広がることもあります。

広告をつくる手前の作業が大事なんだとつくづく思うし、そういう時代なんだなとも思います。書くことは、考えることを提示することですから、その考えを深めることがコピーのうまさに表われてきます。

僕もそうでしたけど、通常の業務が忙しくて、なかなかコピーを書く時間がない転職希望の方へ、ひとことアドバイス。

僕は書いていないあいだでもコピーはうまくなれると信じています。インプットこそ重要で、アウトプットは最後でいいんです。ですから、今、農業でもエンジニアでも、とりかかっているその仕事の知識や技術をインプットすることを一生懸命やっておけば、必ず役に立ちます。コピーライターは、考え方をつくる職業です。書くことの訓練は必要ですが、その時間があまりとれなくても前向きに目指してゆけると思います。

Koji Nozawa's works
野澤幸司さんの作品

日野自動車 DUTRO 「ヒノノニトン」 TVCM など

バカラ　ドラえもん
「のび太くんがうれしかったのは、
　便利な道具より、
　そばにいてくれたことかもしれない。」
新聞広告

中外製薬　企業 「創造で、想像を超える。」
TVCM、新聞広告など

5章

2030年、コピーライターのある日

地下鉄の駅を出ると、巨大なビルの太陽光パネルが見えた。秋の澄んだ青い空。ドライバーレスカーが街を静かに行き交う。東京の朝はもう働き始めている。

山下優太は、大手広告会社、いわゆるメガエージェンシーに打ち合せに向かう途中だ。在宅でのワークスタイルがすっかり定着した今も、アイデアをぶつけあう打ち合せは、フェイスツーフェイスでおこなわれることが多い。人間は人間と触れ合うことで、脳は通常より20％ほど活性化する。それが定説になってきている。

朝陽をキラキラと浴びて輝くビルに近づく。ゼロエネルギービル。ビル自体が自然エネルギーによって発電・充電し、ビル全体の消費エネルギーとの差し引きをゼロにする、そんな最先端テクノロジーでできている。仰ぎ見ると、打ち合せ場所の32階ははるかに遠く眩しい。

受付にはロボットが待ち受けている。かなり美人でかなりクールな受け答えをする彼女は、優太のお気に入りだ。名前と会社名を伝えると、ＡＩは一瞬にして判断をする。「弊社のクリエイティブディレクター牧のお客さまですね。お待ちしていました。それでは指紋をパネルにタッチしてください」。そして、エントランスゲートがさーっと開く。もっと話したかったけれど、顔と名前と指紋を覚えてくれていただけでも、ま、よしとしよう。

高速エレベーターからは東京の朝の輝きが見下ろせる。思えば、コピーライターという職業になってから、15年が経った。

大学時代、4年生になる頃に、慌てて何をやるかを検索し始め、お気に入りに100個以上の就職情報を並べた。それでも決まらずに悩んでいたとき、友達から、広告賞の一般部門に応募するんでさ、と声をかけられた。「コピーとかを一緒に考えてほしいんだ」。

コピー？　知ってはいたけど、よくは知らなかったその単語はなぜか、優太のアンテナに触れた。そして、応募は佳作で終わったが、アイデアや発見を言葉にする作業への興味が始まったのだった。

32階エレベーターを降りると、営業の小山くんが待っていた。まだ2年目。フットワークが軽くって、みんなでお酒を飲むのが好きで、クリエイターが大好き。「僕は昔ノリなんですよ、もう20年早く生まれればよかったなぁ」などといつも言う。

会議室には、ＣＤかつＡＤの牧さんがいた。珍しくスーツ姿だ。

「どうしたの？　プレゼン？」。

「いや、なんとなく。一週間ぶりなんだよ、会社来るの。家で作業してたから、外出時はびしっと気分を変えようと思って」。

「いいねぇ、大企業の社員さんは。僕なんかしがない個人事務所だから、毎日、東京を行ったり来たりだよ」。

「いいじゃないか、ＡＩに仕事を奪われないようにって、法案が出される時代にさ、価値創造の仕事をしてるんだから」。

会議室は、白いリビングルームのようだ。窓はなく完全にセキュリティが保たれている。壁には、大きなホワイトボードがあった。

「さっき、この前の打ち合せで出たアイデアを実際にデザインに落とし込んでみた。見てみよう」。

そう言って、牧ＣＤは、ホワイトボードの電源を入れる。そして、５秒ほどでスクリーン画面は立ち上がる。画面にはファイルがあり、そこを指でトントンと軽く叩くと、次から次へとデータが開いてゆく。

「優太が書いてくれたコピーも入れこんである。自動レイアウト機能を使って、１００案くらいを並べて可能性がありそうなのをピックアップした。どうかな」。

苗字抜きで「優太」。そうだ、牧は優太が10人ほどの制作会社にいる頃に知り合い、今でも仕事を発注してくれる。年は2歳上で、付き合いは長い。デザイナーとコピーライターという関係がいいのかもしれない。

小山くんが、おっ、いいなぁ、デザイン。と声を上げる。優太は、数案のなかから、直感的にいいと思ったものをタッチしてピーンッと弾いて拡大する。

「これがいちばんいい、と思った」。

「なるほど。僕もそう思ったんだ」と牧ＣＤもすぐに返す。

コンピュータの進化はデザインワークも大きく変えつつあり、そのひとつが自動レイアウト機能だ。キービジュアル、キャッチ、ロゴ、スローガンなどの要素を条件付けして入力すると、たちどころに膨大な案が表示される。クリエイターは創るだけでなく、選ぶ能力が大事な時代になったと言われている。

「もう少し、別の角度のアイデアも考えて来たよ。」

優太は、スマホをホワイトボードにタッチする。すぐさま読みとられ、アイデアを書いたファイルが表示される。すべてはアイデアから始まるのだ。牧ＣＤと小山くんが身を乗り出す……。

巨大なビルを後にして、歩いて次の場所に向かう。打ち合せは、１時間半ほどで終わった。プレゼンは、３日後だから、今日明日と牧ＣＤとそのチームは、デザインの細かい部分のブラシアップに集中するだろう。いずれにしても、最後はクラフトワークがその広告作品の質を決める。そのことは昔も今も変わらない。

結局は、僕らの仕事は人間っぽさにあふれていて、多くの職種がコンピュータにとって替わられた今でも社会から意義あるものと認められている。

街をドローンが飛んでいる。午前の時間のこのエリアなら、飛行はＯＫだ。

待ち合せのレストランには早めに着いた。

ここで、今日、大事な戦友と会う。

アメリカンダイナーのような造りのこの店の、ベランダの席に案内してもらった。赤と白の細かなチェックのテーブルクロス。大きなボトルのケチャップとマスタード。壁に掛かった清涼飲料水のポスター。60年代から70年代のアメリカンロック。

ここでは、戦友とコピーの話をよくした。飽きずに飽きずに、繰り返し繰り返し。毎晩毎晩。

そうすることで、自分の今の位置を確かめていたのだろう。若くて熱くて、腹も喉も心も満たされていなかった。絶対に、うまくなってやる。コピーライターの仕事にのめり込んでいた。

就職はあまりうまくいかなかった。コピーライターになりたいと広告会社や制作会社を大手から中堅まで受けまくったが、内定はもらえなかった。留年した先輩の付き合いで、金融系の会社を受けたら、なんと受かってしまい、気が付くと選択肢は残されていなかった。なんだ、おれってクリエイターより営業が向いていたのか、と落胆しながらも、入れてくださるのならありがたく行くしかない、と思っていたら、ふとネットで小さなプロダクションの求人に遭遇した。

「ＩＱか愛嬌の優れている人を求む」と書いてあった。なんとなくその意味不明なインパクトに惹かれて受けたら内定がでてしまった。ＩＱも愛嬌もそんなにないはずなのに、と思ったら、40代前半の社長がそういう変なことを書いたら来てくれる人がほしかったのよ、と告白した。

入社してはっきりわかったのは、ＩＱ、愛嬌などどうでもよくて、体力だけが必要なことだった。考える体力、書く体力、耐える体力。営業３人、デザイナー３人、経理１人、社長１人、そしてコピーライター２名。10名の新しい広告づくりを目指すベンチャー、そんな会社に入社したのだった。


「ごめん、ごめん、遅れちゃって」。

戦友が席にやってきた。

優太が入社したときにいた、１年先輩のコピーライター、さおりさん、通称サオリン。

「きのう、40になったのよ」。

相変わらずの長身で、大きな目で優太を見おろす。

「ま、どうでもいいんだけどね。元気？　ビジネスは？」

席に座ると、これあたしの?とコップを指差して水を飲む。

「あ、わりと順調かな。そっちはどう?」。

「うん、10軒めのお店がこんどオープンするのよ。思ったよりも順調かもね」とサオリンは笑った。

「ハンバーガーよね、ここは。なつかしの味」。

その制作会社はこのレストランのすぐそばにあった。9時頃、優太が得意先から帰って作業をしていると、夕食がまだなことに気づき、サオリンに声をかけると、私も食べてないわ、とよくこの店に来たのだった。そして、ハンバーガーと業界話で1時間くらいを過ごし、また会社に戻るのだった。

「靴屋をやり始めたのが、6、7年前。素人がよくやったわよね。自分をほめたいってこういう感じかしら」。

ハンバーガーをオーダーする。正午をまわり、ランチのビジネスマンが増えてきた。

「そういえば、あなた、私が靴屋やるって言ったらびっくりしてたわね」。

そうだ、忘れもしない。この長身で大きな瞳の戦友は、誰もいなくなった会社で、Ｍａｃの画面を見つめながら必死にコピーを考えていた優太に決意を表明したのだ。ふたりとも、30歳を過ぎていて、もう職歴が10年を超えようとしていた。

そんなある夜。

「転職することにしたの。靴屋やるのよ、ついでに結婚も」。

優太は、何をこの人は言っているんだろうと思って、彼女の顔を見つめると、腕を組んだまま椅子を寄せて来て、小声で、

「転職。靴屋。結婚。さようなら」と言った。

3つの驚きのなかで、コピーライターが靴屋をやる、という事実はまさに衝撃だった。キャリアには連続性が必要。前職のスキルを活かして次の職を決めてゆく。それが当たり前のことだったからだ。


それから、1年ほどして、優太もフリーランスのコピーライター、ＣＤでやってゆく決心をしたとき、サオリンと会った。相変わらず、よく動く瞳で優太を見ながら、「へー、やるじゃない。事業主になるわけね」。

「事業主？」

「社長ってことよ。奥さんや子供をがんばって食わせないと。ま、賛成よ、やってみたら」とほほ笑んだ。

「私ね、靴屋っていう新しいビジネスを始めたとき、コピーライターでのスキルがとても役に立ったわ。なぜだか、わかる？　それはね、世の中は言葉で動いているから」。

そういえば、彼女の靴のブランド・コンセプトは彼女自身が考えた「モチベーションがあがる靴」だった。もちろん、ターゲットは女性。シーンは、ビジネス。表面的なデザインの美しさではなく、働く女性の内面までをデザインしてくれるシューズ・ブランド。徹底的にはきやすさを追求する、ビッグデータを活用した商品開発。それは、徐々に浸透して、マーケットをつくっていったのだ。

「ひとが望んでいるものが何か、それを言葉で考えてきた経験は、オールマイティよ。つぶしが効くってこと」。

ハンバーガーを食べ終えて店を出ると、秋の澄み切った大気があった。都会は排ガスやCO_2の呪縛からやっと解放されつつあった。

これから新幹線で出張するというので、サオリンと一緒に最寄りの駅まで歩いた。

「人生は白い紙ね」

プラタナスの葉が黄色くなり始めている。道の両脇で落ち葉が金色の鳥のように舞うのは、もうすぐだろう。

「いつも何も書かれていない白紙が置かれていて。そこに、一行書かなくちゃいけないの。未来の言葉を」。

未来の言葉か。と優太は思う。確かにコピーライティングはそれを見つける技術かもしれない。スマホが震える。さぁ、次の打ち合せだ。未来をつくる仕事に出かけよう。

この本を、お世話になった
コピーライター道の達人、
眞木準さんと岩崎俊一さんに捧げます。

黒澤 晃　*Akira Kurosawa*

横浜生まれ。東京大学国史学科卒業。1978年、広告会社・博報堂に入社。コピーライター、コピーディレクターを経て、クリエイティブディレクターになり、数々のブランディング広告を実施。日経広告賞など、受賞多数。2003年から、クリエイティブマネージメントを手がけ、博報堂クリエイターの人事・育成・教育を行う。2013年退社。黒澤事務所を設立。東京コピーライターズクラブ（TCC）会員。

宣伝会議の書籍

広告界就職ガイド

内定のポイントは、早い情報収集と、
業界や仕事の正しい理解にあります。若手～中堅社員への
インタビューで構成する職種別仕事研究などを通して
仕事の理解が深まります。
主要各社の採用情報最新企業データも収録。

宣伝会議 編　本体：1,700円＋税

広告コピーってこう書くんだ！相談室（袋とじつき）

コピーライティングのベストセラー
『広告コピーってこう書くんだ！読本』の実践・指南編。
「ガス・パッ・チョ！」（東京ガス）のコピーをつくった際に、
著者がノートに書きなぐっていた言葉やアイデア、
メモ類を袋とじで公開。

谷山雅計 著　本体：1,800円＋税

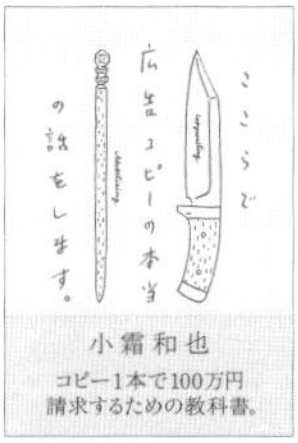

ここらで広告コピーの本当の話をします。

“伝える”だけのコピーなんて、コピーじゃない！
コピーライティングというビジネスの根底を理解すると、
効果的なコピー、人を動かすコピーが書けるようになる。
コピーライター志望者、若手コピーライターに
知ってもらいたい本当の話を伝授します。

小霜和也 著　本体：1,700円＋税

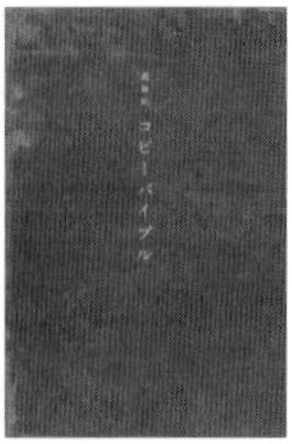

最新約コピーバイブル

日本を代表する歴代の言葉の伝道師たちが
つづるコピーの正書。秘伝の技術を惜しみなく公開。
広告界ほぼ50年の知恵を結集した
コピーライターを目指す人のバイブル。
古今コピー傑作集付き。

宣伝会議 コピーライター養成講座 編　本体：2,400円＋税

これから、絶対、コピーライター

発行日　2015年12月1日　初版

著者
黒澤 晃

編集
株式会社マスメディアン マスナビ編集部

発行者
東 英弥

発行所
株式会社宣伝会議
〒107-8550　東京都港区南青山3-11-13
tel.03-3475-3010（代表）
http://www.sendenkaigi.com/

表紙デザイン・イラスト
小松 季弘

本文デザイン
若井 夏澄

イラスト
モリタクマ

印刷・製本
大日本印刷株式会社

ISBN　978-4-88335-344-6